香港文庫

研究資料叢刊

方志中的古代香港

《新安縣志》香港史料選

劉智鵬　劉蜀永
選編

· 香港文庫

　　總策劃：鄭德華

　　執行編輯：梁偉基

· 方志中的古代香港——《新安縣志》香港史料選

　　責任編輯：張　娟　張軒誦

　　書籍設計：吳冠曼

書　　名	方志中的古代香港——《新安縣志》香港史料選
選　　編	劉智鵬　劉蜀永
出　　版	三聯書店（香港）有限公司 香港北角英皇道 499 號北角工業大廈 20 樓 Joint Publishing (H.K.) Co., Ltd. 20/F., North Point Industrial Building, 499 King's Road, North Point, Hong Kong
香港發行	香港聯合書刊物流有限公司 香港新界大埔汀麗路 36 號 3 字樓
印　　刷	美雅印刷製本有限公司 香港九龍觀塘榮業街 6 號 4 樓 A 室
版　　次	2020 年 6 月香港第一版第一次印刷
規　　格	16 開（185 × 260 mm）232 面
國際書號	ISBN 978-962-04-4639-9

總

序

香港，作為中國南部海濱一個重要的海港城市，有著特殊的社會經歷和文化特質。它既是中華文化值得驕傲的部分，又是具有強烈個性的部分。尤其在近現代時期，由於處於中西文化交匯的前沿地帶，因而還擁有融匯中西的大時代特徵。回顧和整理香港歷史文化積累的成果，遠遠超出整理一般地域文化歷史的意義。從宏觀的角度看，它在特定的時空範疇展現了中華文化承傳、包容的強大生命力，從而也反映了世界近代文化發展的複雜性和多面性。

梁啟超在《中國歷史研究法》中對有系統地收集史料和研究成果的重要性，曾作這樣的論述：

> 大抵史料之為物，往往有單舉一事，覺其無足輕重；及彙集同類之若干事比而觀之，則一時代之狀況可以跳活表現。比如治庭院者，孤植草花一本，無足觀也；若集千萬本，蒔已成畦，則絢爛炫目矣。[1]

近三十年來香港歷史文化研究，已有長足的進步，而對香港社會歷史文化的認識，到了一個全面、深入認識、整理和繼續探索的階段，因而《香港文庫》可視為時代呼喚的產物。

（一）

曾經在一段時間內，有些人把香港的歷史發展過程概括為從"小漁村到大都會"，即把香港的歷史過程，僅僅定格在近現代史的範疇。不知為什麼這句話慢慢成了不少人的慣用語，以致影響到人們對香港歷史整體的認識，故確有必要作一些澄清。

從目前考古掌握的資料來看，香港地區的有人類活動歷史起碼可以上溯到新石器中期和晚期，是屬於環珠江口的大灣文化系統的一部

1　梁啟超：《中國歷史研究法》〔香港：三聯書店（香港）有限公司，2000〕，69頁。

分。由此我們可以清楚地看到，香港的地理位置從遠古時期開始，就決定了它與中國大陸不可分割的歷史關係。它一方面與鄰近的珠江三角洲人群的文化互動交流，同時與長江流域一帶的良渚文化有著淵源的關係。到了青銅器時代，中原地區的商殷文化，透過粵東地區的浮濱文化的傳遞，已經來到香港。[2]

還有一點不可忽視的是，香港位於中國東南沿海，處於東亞古代海上走廊的中段，所以它有著深遠的古代人口流動和文化交流的歷史痕跡。古代的這種歷史留痕，正好解釋它為什麼在近現代能迅速崛起所具備的自然因素。天然的優良港口在人類歷史的"大航海時代"被發掘和利用，是順理成章的事，而它的地理位置和深厚的歷史文化根源，正是香港必然回歸祖國的天命。

香港實際在秦代已正式納入中國版圖。而在秦漢之際所建立的南越國，為後來被稱為"嶺南"的地區奠定了重要的政治、經濟和文化基礎。[3]香港當時不是區域政治文化中心，還沒有展示它的魅力，但是身處中國南方的發展時期，大區域的環境無疑為它鋪墊了一種潛在的發展力量。我們應該看到，當漢代，廣東的重要對外港口從徐聞、合浦轉到廣州港以後，從廣州出海西行到南印度"黃支"的海路，途經現在香港地區的海域。香港九龍漢墓的發現可以充分證實，香港地區當時已經成為南方人口流動、散播的區域之一了。[4]所以研究中國古代海上絲綢之路，不應該完全忘卻對香港古代史的研究。

到了唐宋時期，廣東地區的嶺南文化格局已經形成。中國人口和政治重心的南移、珠江三角洲地區進入"土地生長期"等因素都為香港人口流動的加速帶來新動力。所以從宋、元、明開始，內地遷移來

2　參看香港古物古蹟辦事處：〈香港近年的考古發現與研究〉，載《考古》第 6 期（2007），3—7 頁。

3　參看張榮方、黃淼章：《南越國史》（廣州：廣東人民出版社，1995）。

4　參看區家發：〈香港考古成果及其啟示〉，載王賡武主編：《香港史新編》（增訂版）〔香港：三聯書店（香港）有限公司，2017〕，3—42 頁。

香港地區生活的人口漸次增加,現在部分香港原住民就是這段歷史時期遷來的。[5] 香港作為一個地區,應該包括港島、九龍半島和新界三個部分,所以到十九世紀四十年代,香港絕對不能說"只是一條漁村"。

我們在回顧香港歷史的時候,常常責難晚清政府無能,把香港割讓給英國,但是即使是那樣,清朝在《南京條約》簽訂以後,還是在九龍尖沙咀建立了兩座砲台,後來又以九龍寨城為中心,加強捍衛南九龍一帶的土地。[6] 這一切說明清王朝,特別是一些盡忠職守的將領一直沒有忘記自己國家的土地和百姓,而到了今天,我們卻沒有意識到說香港當英國人來到的時候只是"一條漁村",這種說法從史實的角度看是片面的,而這種謬誤對年輕一代會造成歸屬感的錯覺,很容易被引申為十九世紀中期以後,英國人來了,香港才開始它的歷史,以致完整的歷史演變過程被隱去了部分。所以從某種意義上看,懂得古代香港的歷史是為了懂得自己社會和文化的根,懂得今天香港回歸祖國的歷史必然。因此,致力於香港在十九世紀中葉以前歷史的研究和整理,是我們《香港文庫》特別重視的一大宗旨。

(二)

曲折和特別的近現代社會進程賦予這個地區的歷史以豐富內涵,所以香港研究是一個範圍頗為複雜的地域研究。為此,本文庫明確以香港人文社會科學為範疇,以歷史文化研究資料、文獻和成果作為文庫的重心。具體來說,它以收集歷史和當代各類人文社會科學方面的作品和有關文獻資料為己任,目的是為了使社會大眾能全面認識香港文化發展的歷程而建立的一個帶知識性、資料性和研究性的文獻平

5　參看霍啟昌:〈十九世紀中葉以前的香港〉,載《香港史新編》(增訂版),43—66頁。

6　其實我們如果細心觀察九龍城在第一次鴉片戰爭以後形成的過程,便可以看到清王朝對香港地區土地力圖保護的態度,而後來南九龍的土地在第二次鴉片戰爭中失去,主要是因為軍事力量對比過於懸殊。

台，充分發揮社會現存有關香港人文社會科學方面資料和成果的作用，承前啟後，以史為鑒。在為人類的文明積累文化成果的同時，也為香港社會的向前邁進盡一份力。

我們希望《香港文庫》能為讀者提供香港歷史文化發展各個時期、各種層面的狀況和視野，而每一種作品或資料都安排有具體、清晰的資料或內容介紹和分析，以序言的形式出現，表現編者的選編角度和評述，供讀者參考。從整個文庫來看，它將會呈現香港歷史文化發展的宏觀脈絡和線索，而從具體一個作品來看，又是一個個案、專題的資料集合或微觀的觀察和分析，為大眾深入了解香港歷史文化提供線索或背景資料。

從歷史的宏觀來看，每一個區域的歷史文化都有時代的差異，不同的歷史時期會呈現出不同的狀況，歷史的進程有快有慢，有起有伏；從歷史的微觀來看，不同層面的歷史文化的發展和變化會存在不平衡的狀態，不同文化層次存在著互動，這就決定了文庫在選題上有時代和不同層面方面的差異。我們的原則是實事求是，不求不同時代和不同層面上數量的刻板均衡，所以本文庫並非面面俱到，但求重點突出。

在結構上，我們把《香港文庫》分為三個系列：

1. "香港文庫‧新古今香港系列"。這是在原三聯書店（香港）有限公司於 1988 年開始出版的 "古今香港系列" 基礎上編纂的一套香港社會歷史文化系列。以在香港歷史中產生過一定影響的人、事、物和事件為主，以通俗易懂的敘述方式，配合珍貴的歷史圖片，呈現出香港歷史與文化的各個側面。此系列屬於普及類型作品，但絕不放棄忠於史實、言必有據的嚴謹要求。作品可適當運用注解，但一般不作詳細考證、書後附有參考書目，以供讀者進一步閱讀參考，故與一般掌故性作品以鋪排故事敘述形式為主亦有區別。

"香港文庫‧新古今香港系列" 部分作品來自原 "古今香港系列"。凡此類作品，應對原作品作認真的審讀，特別是對所徵引的資料部分，應認真查對、核實，亦可對原作品的內容作必要的增訂或說明，使其更為完整。若需作大量修改者，則應以重新撰寫方式處理。

本系列的讀者定位為有高中至大專水平以上的讀者，故要求可讀性與學術性相結合。以文字為主，配有圖片，數量按題材需要而定，一般不超過 30 幅。每種字數在 10 到 15 萬字之間。文中可有少量注解，但不作考證或辯論性的注釋。本系列既非純掌故歷史叢書，又非時論或純學術著作，內容以保留香港地域歷史文化為主旨。歡迎提出新的理論性見解，但不宜佔作品過大篇幅。希望此系列成為一套有保留價值的香港歷史文化叢書，成為廣大青少年讀者和地方史教育的重要參考資料。

2. "香港文庫・研究資料叢刊"。這是一套有關香港歷史文化研究的資料叢書，出版目的在於有計劃地保留一批具研究香港歷史文化價值的重要資料。它主要包括歷史文獻、地方文獻（地方誌、譜牒、日記、書信等）、歷史檔案、碑刻、口述歷史、調查報告、歷史地圖及圖像以及具特別參考價值的經典性歷史文化研究作品等。出版的讀者對象主要是大、中學生與教師，學術研究者、研究機構和圖書館。

本叢刊出版強調以原文的語種出版，特別是原始資料之文本；亦可出版中外對照之版本，以方便不同讀者需要。而屬經過整理、分析而撰寫的作品，雖然不是第一手資料，但隨時代過去，那些經過反復證明甚具資料價值者，亦可列入此類；翻譯作品，亦屬同類。

每種作品應有序言或體例說明其資料來源、編纂體例及其研究價值。編纂者可在原著中加注釋、說明或按語，但均不宜太多、太長，所有資料應注明出處。

本叢刊對作品版本的要求較高，應以學術研究常規格式為規範。

作為一個國際都會，香港在研究資料的整理方面有一定的基礎，但從當代資料學的高要求來說，仍需努力，希望叢刊的出版能在這方面作出貢獻。

3. "香港文庫・學術研究專題"。香港地區的特殊地理位置和經歷，決定了這部分內容的重要。無論在古代作為中國南部邊陲地帶與鄰近地區的接觸和交往，還是在大航海時代與西方殖民勢力的關係，以至今天實行的"一國兩制"，都有不少是值得深入研究的課題。人們常用"破解"一詞去形容自然科學方面獲得新知的過程，其實在人文社會科學方面也是如此。人類社會發展過程的地區差異和時代變遷，都需要不斷的深入研究和探討，才能比較準確認識它的過去，如何承傳和轉變至今天，又如何發展到明天。而學術研究正是從較深層次去探索社會，探索人與自然的關係，把人們的認識提高到理性的階段。所以，圍繞香港問題的學術研究，就是認識香港的理性表現，它的成果無疑會成為香港文化積累和水平的象徵。

由於香港無論在古代和近現代都處在不同民族和不同地區人口的交匯點，東西不同的理論、價值觀和文化之間的碰撞也特別明顯。尤其是在近世以來，世界的交往越來越頻密，軟實力的角力和博弈在這裡無聲地展開，香港不僅在國際經濟上已經顯示了它的地位，而且在文化上的戰略地位也顯得越來越重要。中國要在國際事務上取得話語權，不僅要有政治、經濟和軍事等方面的實力，在文化領域上也應要顯現出相應的水平。從這個方面看，有關香港研究的學術著作出版就顯得更加重要了。

"香港文庫•學術研究專題"系列是集合有關香港人文社會科學專題著作的重要園地，要求作品在學術方面達到較高的水平，或在資料的運用方面較前人有新的突破，或是在理論方面有新的建樹，作品在體系結構方面應完整。我們重視在學術上的國際交流和對話，認為這是繁榮學術的重要手段，但卻反對無的放矢，生搬硬套，只在形式上抄襲西方著述"新理論"的作品。我們在選題、審稿和出版方面一定嚴格按照學術的規範進行，不趕潮流，不跟風。特別歡迎大專院校的專業人士和個人的研究者"十年磨一劍"式的作品，也歡迎翻譯外文有關香港高學術水平的著作。

（三）

簡而言之，我們把《香港文庫》的結構劃分為三個系列，是希望把普及、資料和學術的功能結合成一個文化積累的平台，把香港近現代以前、殖民時代和回歸以後的經驗以人文和社會科學的視角作較全面的探索和思考。我們將以一種開放的態度，以融匯穿越時空和各種文化的氣度，實事求是的精神，踏踏實實做好這件有意義的文化工作。

香港在近現代和當代時期與國際交往的歷史使其在文化交流方面亦存在不少值得總結的經驗，這方面實際可視為一種香港當代社會資本，值得開拓和保存。

毋庸置疑，《香港文庫》是大中華文化圈的一部分，是匯聚百川的中華文化大河的一條支流。香港的近現代歷史已經有力證明，我們在世界走向融合的歷史進程中，保留中華文化傳統的重要。香港今天的文化成果，說到底與中國文化一直都是香港文化底色的關係甚大。我們堅信過去如此，現在如此，將來也一定如此。

鄭德華

導讀

中國地大物博，早在二千多年前已經發展出大一統的國家形態，以一個中央政府管治方圓三百多萬平方公里的版圖；下轄兩級地方政府，共有數十個郡和近千個縣。這種政府結構是當時人類文明空前的創舉，中國也因此發展出一套地方行政制度，並以此作為歷代王朝的治國根本。在交通和資訊並不發達的古代中國，中央政府能夠掌握每個地方行政單位的地情人事而加以管理，主要依靠地方志提供相關地方的資訊。

地方志是中國獨有的文化產品，並不見於世界其他文化體系。中國地方志的發展源遠流長，"方志"一詞最早見於《周禮》。現存東漢的《吳越春秋》與東晉的《華陽國志》可以說是中國較早成書的地方志。1973 年出土的漢初長沙國地形圖、駐軍圖和城邑圖，都可以歸入地方志一類。秦漢以後，隨著中國版圖擴大，人口增加，地方行政的發展日趨成熟，地方志的編撰亦因而日益發展；到宋元時期蔚為大觀，出現大量地方志或專志的製作。到了明清兩代，地方志的編纂進入成熟時期，而且發展出影響當代和後世的方志學理論。章學誠主張"方志為國史羽翼"，釐清了地方志的功能和定位，地方志自此成為國史以外的另一個修史系統。國史與地方志兩者並行，充分體現了傳統史志學中"治天下者以史為鑒，治郡國者以志為鑒"的實用精神；與現代中國方志學"資政、教化、存史"的功能前後呼應。

明清以前的地方志主要為地方行政管理服務；這些保留到現代的舊志在應用上充分發揮章學誠方志學的精神。地方志以當地人記述當地的人、事、地、物，保留了大量不載於國史的地方資料，對今天的地方史研究提供了很大的幫助。

《新安縣志》與香港

古代香港位處南海之濱，既遠離朝廷，亦非國防重鎮，因此在歷史上極少引起史官的注意。要了解香港的古代面貌，除了依賴考古發掘，就只能翻閱地方志。香港一地自秦朝到晚清，先後屬於番禺縣、博羅縣、寶安縣、東莞縣和新安縣的管轄範圍。新安縣的管轄範圍大致包括今日的深圳與香港。歷史上與香港有關的地方志有《粵大記》、《廣州府志》、《廣東通志》、《東莞縣志》、《新安縣志》等。若論與今日香港特別行政區關係最為密切的方志，則非《新安縣志》莫屬。

新安縣位處中國南方珠江以東一隅，自唐代中期至明代後期，該縣所處地域一直是東莞縣的屬土。自南宋以來，北方氏族陸續遷入東莞縣南部地區，至明代人口日益增長，發展出不少頗具規模的村落。這些村落位處海濱，經常引起廣東沿海盜寇的覬覦，劫掠之事時有發生。廣東水師往往鞭長莫及，難以施救。明嘉靖四十年（1561）起，東莞縣南頭一帶發生饑民搶米暴動，幸有鄉紳等起而平息事件。隆慶六年（1572），曾經參與平亂的鄉紳吳祚向廣東海道副使劉穩請求在當地建縣，以便維持治安。當時眾多官紳均認為南頭離東莞縣治有百餘里之遠，不利於管治，於是紛紛附議。實際上在南頭所在地域另建新縣，對於加強廣東南部水域的保安有明顯的好處。劉穩看到當中的利弊，於是將吳祚的陳請轉呈廣東布政使。結果奏准於東莞縣內另設新縣。萬曆元年（1573），新縣成立，並以其地能"革故鼎新，去危為安"，因此命名為"新安"縣，治所順理成章設於南頭。新安縣此後與東莞縣平行，同屬廣州府管轄。廣州府自東莞縣轄地南端海岸線起向北劃出 56 里範圍，撥作新安縣土地。同時將原屬東莞縣的 7,608 戶共33,971 人改隸新安縣。從此香港地區全屬新安縣管轄範圍，直至英國佔領香港為止。

新安縣展開建縣工作的同時，縣政府亦著手處理《新安縣志》的編修工作。萬曆十四年（1586），《新安縣志》第一次纂修工作完成，這時候距離建縣不過十四年，可見當時任知縣的邱體乾對修志的重視。自此至民國時期，《新安縣志》經歷過七次重修增補：

1. 明萬曆十四年（1586），知縣邱體乾首次纂修縣志。

2. 明崇禎八年（1635），知縣李鉉重修《新安縣志》，增補史事。

3. 明崇禎十六年（1643），知縣周希曜重修《新安縣志》。

4. 清康熙九年（1670），知縣李可成倡修縣志。

5. 清康熙二十七年（1688），知縣靳文謨重修《新安縣志》。

6. 清嘉慶二十四年（1819），知縣舒懋官重修《新安縣志》。

7. 民國時期，新安縣改稱寶安縣。1933年，廣東方志學家鄔慶時（1883—1968）總纂完成《寶安縣志》40卷書稿，內容包括地志、民志、官志、政志、事志、文志、物志、縣志志等。鄔慶時編修志書時曾寄住香港寶安商會，並親自往訪原屬寶安縣的香港、九龍、新界各地，與當地人士詳細訪談。[1]《寶安縣志》收入大量資料，可惜原稿下落不明。

上述七次修志，除民國時期鄔氏所編《寶安縣志》外，其餘地方志全數編印成書。可惜明朝到清朝初年編印的《新安縣志》均無法保存下來，目前存世的《新安縣志》只有康熙二十七年和嘉慶二十四年兩種，即本書所稱康熙《新安縣志》和嘉慶《新安縣志》。

康熙《新安縣志》由知縣靳文謨主修，教諭黃袞裳、訓導許光嶽、進士鄧文蔚參輯。全書分為輿圖志、天文志、地理志、職官志、宮室志、田賦志、典禮志、兵刑志、選舉志、人物志、防省志、藝文志、雜志，共十三卷，約九萬字。康熙《新安縣志》成書於清初復界之後，新安縣地人丁稀少，社會元氣尚未恢復，內容難免有疏漏之失。

嘉慶《新安縣志》由知縣舒懋官主修，王崇熙總纂。全書分為沿革

1　陳澤泓：《嶺表志譚》（廣州：廣東人民出版社，2013年），592頁。

志、輿地圖、山水略、職官志、建置略、經政略、海防略、防省略、宦蹟略、選舉表、勝蹟略、人物志、藝文志，共二十四卷，約十五萬字。嘉慶《新安縣志》在前志的基礎上去誤存真，加上縣地自復界後已經超過一百年，人力物力俱比前時豐厚，所修新志亦粲然大備。是以百多年來言《新安縣志》者，多以嘉慶志為依歸。

　　《新安縣志》是新安縣一地的方志，這是中國傳統文化中一個既普遍又獨特的部分。用現代的語言表述，《新安縣志》就是一本關於古代新安縣的百科全書。這本百科全書包含了大量歷史沿革、疆域、經濟、軍事、人物、文物、古蹟、藝文等方面的資料，是研究新安縣古代面貌的基本史料來源。從地理上看，明清時期的新安縣大約有一半的土地屬於今日香港特別行政區範圍，另一半則屬於今深圳特區範圍。另外，香港位處新安縣南部，縣地大部分的海岸線和領海範圍都劃歸香港境內。從這種意義來看，《新安縣志》實際上就是一本擴大編纂範圍的古代《香港志》和《深圳志》，可以作為現代香港和深圳新編地方志一脈相承的文化源頭；無怪乎研究古代香港史和深圳史的學者直視《新安縣志》為兩地的舊志，是揭開兩地本來面貌的最主要的歷史文獻。香港島於嘉慶《新安縣志》成書後二十一年為英國所佔，因此嘉慶《新安縣志》是最接近香港現代史的古代史料，書中所載的資料可以與香港開埠早期的歷史並列對照，對香港史的研究具有特別重要的意義。

《新安縣志》中的香港史料

《新安縣志》對香港研究的首要意義在於界定古代香港的地理範圍。縣志揭示了香港古代聚落的分佈,記錄了當時的香港居民的活動場所。康熙《新安縣志》〈地理志‧都里〉中"五都"和"六都"兩個行政分區 225 條村莊中,超過一百條屬於香港村莊。清嘉慶時期屬於官富巡檢司管轄的 300 個本地村莊之中,約三分之二在今日香港境內。同一時期歸官富司管轄的 194 個客籍村莊之中,超過二分之一位於香港。

上述關於村莊的分佈是《新安縣志》中極有價值的部分,有助於提供文獻上的證據,說明今日香港原居民村莊的早期面貌。從村莊的分佈也可以看出明清兩代香港地域的人文地理發展狀況。簡而言之,英佔香港以前香港地域的人文活動主要集中在今日新界的地方,香港島和九龍半島只有較少的村落。因此,《新安縣志》又可以說是研究新界歷史的主要歷史文獻。

除了村落的分佈,明清兩代的香港人生活狀況,也可以從《新安縣志》中的經濟史史料中略知一二。嘉慶《新安縣志》卷一有氣候的記錄,說明香港古代天氣一如今日,燠熱的時間多而寒冷的日子少。夏天經常有颶風,沿海居民飽受其苦。同卷有風俗篇,展示明清時期的香港農村面貌;崇尚簡樸實用,不好文飾淫巧。其中某些細節以今日的目光看來別具趣味。例如婚姻以檳榔過禮;生病寧求鬼神而不就醫;夏至屠狗;冬至宰鴨等。卷二〈輿地一‧墟市〉中列出圓朗墟、石湖墟、大步墟、長洲墟等墟市,反映出今新界地區在清朝嘉慶年間的商業發展狀況。可以想見當時的村民按一定的墟期,從居住的村莊去到這些商業中心進行買賣。這種頗費周章的消費行為,實非今日生活在高度商業化都市的香港人所能想像。

　　卷二〈輿地二・物產〉部分詳列新安縣地域出產的農作物和水產，其中沙田的瀝源和大嶼山的沙螺灣盛產香木，是香港別具特色的物產。香港一名的由來，其中一種說法就與香木的栽種和製香業的發達有關。除了香木，香港還有鳳凰山盛產茶葉。另外更有一種"出於杯渡山絕壁上"的茶葉，品質極佳，類似唐代的貢品"蒙山茶"。香港的居民雖然以漁農為業，但其中少數望族仍然堅守詩禮傳家的祖訓，十分重視族中子弟的教育。新界望族鄧族的祖先鄧符協是北宋熙寧年間（1068—1077）進士，嘉慶《新安縣志》卷四〈山水略〉記載了"宋鄧符築力瀛書院，講學於其下"的雅事。力瀛書院的創設居然比廣州禺山書院、番山書院等廣東名校還要早一百多年，可見香港早期並非全然為簡單的漁村農村面貌，其中不乏有識之士興學育才，不甘與中土文化制度脫節。鄧氏有後人鄧文蔚，不但高中進士，更回鄉參與編修康熙二十七年的《新安縣志》，是本地子弟學以致用的表率。

　　此外，《新安縣志》亦有不少香港古代軍事史史料。清朝初年，清政府曾強令沿海居民內遷五十里，香港地區相信全在遷界範圍之內。康熙七年（1668）復界時，為加強海防，曾在新安縣沿邊踏勘，設置墩台二十一座。從嘉慶《新安縣志》卷十一〈經政略・兵制〉看，其中至少有屯門墩台、九龍墩台、大埔頭墩台及麻雀嶺墩台四座在今日香港地區。同卷亦載有嘉慶年間在今日香港地區設置的九龍汛、大嶼山汛、東涌口汛、紅香爐汛等營汛，以及大嶼山砲台、九龍砲台等砲台。同書卷四〈山水略・山〉中亦記載了赤柱山上曾經"有兵防守"。綜而觀之，香港水域東南西北所有的重要位置都在復界後佈防。不過，這些海防設施雖然是守土衛國的重要憑藉，但實際的作用卻往往在於防禦海寇在沿岸地方劫掠。嘉慶《新安縣志》就有〈防省志・盜寇〉以專門記載明清時期海盜肆虐新安沿海的情況。其中在嘉慶年間，有大盜郭婆帶的船隊在"大嶼山赤瀝角等處"結集，新安縣知縣鄭域輪馬上"親率繒、漁各船往剿"。這場發生於大約二百年前的海戰，位置就在今日香港國際機場一帶海面。這說明古代海盜橫行於香港水域之中，還要驚動本地的行政長官親自帶隊清剿，可見海上治安不靖對當時香港社會影響之大。

《新安縣志》除了記錄新安縣的人、事、地、物，也保留了不少重要的地方文獻，對重構香港歷史有重大幫助。這些文章中最為重要的首推康熙《新安縣志》〈藝文志〉中北宋蔣之奇所撰的〈杯渡山紀略〉。蔣之奇是宋仁宗嘉祐二年（1057）進士，曾任廣州知府，熟知廣東一帶海防形勢。

〈杯渡山紀略〉指出 "所謂屯門者，即杯渡山也" 的事實，確認唐史所述屯門地處今日香港青山一帶，而非深圳的南頭。事實上蔣之奇所記的屯門不但與《新唐書》記載的 "屯門鎮兵" 等文字吻合，更補充了《新唐書》未有述及的細節和發展，是地方志作為 "國史羽翼" 的好例子。

〈杯渡山紀略〉的重要性其實不止於屯門一地的由來，這篇文章也是探索香港早期宗教史和文化史的重要文獻。蔣之奇引《高僧傳》故事，透露了杯渡禪師南來屯門駐錫的端倪，又指出五代時已經有人建杯渡像供奉。此文是最早提到杯渡禪師在香港活動的文獻，可見五代時杯渡禪師在本地已經享有崇高的地位。五代去唐未遠，宗教及文化傳播亦有其漸進過程，因此可以推斷杯渡禪師在本地受到重視，至少可以追溯到唐代。兩種縣志均成書於清代，其中記有杯渡山、杯渡岩、杯渡井、杯渡石柱等內容，可知杯渡禪師自唐至明清兩代，早已經成為香港一地的宗教象徵，對近代本地傳統宗教的發展有深遠的影響。

嘉慶《新安縣志》卷二十二〈藝文志‧奏疏〉中收錄明朝尹瑾〈敷陳海防要務疏〉，詳細說明明朝廣東東部狀況並提出具體海防措施，是研究香港明朝海防史的一篇極重要的文章。同卷收錄清朝王來任〈展界復鄉疏〉，陳說遷界之弊及復界之利；結果成功說服康熙皇帝取消遷界令，使香港得以恢復生機，是改變香港古代歷史發展的一篇關鍵文章。同卷〈藝文志‧條議〉收錄新安地方長官就當地問題向上級官員奏呈的議論文章，可以窺見古代香港社會發展的點滴概況。其中有元朝地方長官張惟寅的〈上宣慰司採珠不便狀〉，力陳採珠有損民力，無益國家，建議禁廢。結果元朝政府採納建議，於延祐六年（1319）停止在香港水域採珠。另外，嘉慶《新安縣志》卷二十三〈藝文志·記序〉收錄的陳文輔〈都憲汪公遺愛祠記〉和祁敕〈重建汪公生祠記〉，更是研究明正德初年中葡屯門海戰的重要史料。這場發生於明正德十六年（1521）的中葡屯門海戰是中國和西方國家之間的第一場戰爭，比起1652年爆發的中俄雅克薩戰役早了百多年；比起發生在1662年而被西方史家稱為“歐洲與中國的第一場戰爭”的台灣熱蘭遮城之戰也早了大約一個半世紀，而且比鴉片戰爭更早了超過三百年；是中西關係史上別具意義的一章。中葡屯門海戰的結局轉折造成葡萄牙人與澳門爾後幾百年的因緣。

嘉慶《新安縣志》保留了雍正皇帝幾道有關閩、廣地方政事的上諭。其中一道上諭批評福建、廣東兩地官員不諳官話，以致在朝上君臣之間無法正常溝通，下令改善。這說明當時華南地域獨特，以致其方言難以在其他各地通行。二百多年後香港回歸祖國，香港人的廣東話依然無法流通於內地。今昔之間地緣特徵居然一脈相承而見載於方志，實在有趣。

結 語

　　《新安縣志》是清朝華南地域一個面積較小的行政區的實錄。它的編纂規模較為簡單，不能和清代同時的其他地方志相比。不過，《新安縣志》始終是與香港地域早期發展最直接有關的地方志，其中包含大量香港和深圳古代史的材料，不但可以從中探索兩地的歷史，也說明了兩地同源一脈，在種族及文化上一體共生。事實上本地人對《新安縣志》的纂修也作出不少貢獻。上文提到的錦田人鄧文蔚就是康熙二十七年《新安縣志》的主要纂修人；嘉慶年間另有錦田人鄧英元、鄧英華、鄧大雄等曾贊助編修嘉慶二十四年的《新安縣志》。因此，《新安縣志》對香港而言自有其珍貴的開創意義，與今日香港修志一脈相承。

劉智鵬　劉蜀永

嶺南大學

香港與華南歷史研究部

凡例

1. 本書所據《新安縣志》乃本地通行版本，康熙《新安縣志》為清康熙二十七年戊辰（1688）刻本；嘉慶《新安縣志》為清嘉慶二十四年己卯（1819）鳳岡書院刻本，並無參校其他版本。

2. 本書所選《新安縣志》內容主要是有關香港特別行政區範圍內的史料，另外適量選輯與香港間接有關的內容，以展示香港於新安縣範圍內的地位和作用。

3. 本書選編上述兩種《新安縣志》中香港史料，目的在增廣流通，以方便對香港古代史感興趣的讀者查閱。選本為原文加上標點，並訂正原書錯別字。在不改變原文面貌的原則下，原書所用異體字一律改為常用字。

4. 本書除選載嘉慶《新安縣志》地圖外，亦增補明清時期與香港有關地圖，以方便讀者查閱香港地理形勢。

目錄

一、建置

沿革

邑，越之南徼。周顯王三十五年，楚敗越，其君長散處海濱，謂之百粵。後屬於楚，邑地即屬之。至秦王翦滅楚，立南海郡，邑屬於南海郡。相沿傳至漢元鼎五年，分南粵，置九郡。南海郡領縣六，邑於時屬番禺。後置司鹽都尉於東官場，即今城外鹽課司也。晉成帝咸和元年，分南海，立東官郡於場之地。治寶安，即今東門外城子岡，領縣九：寶安、懷安、興寧、海豐、海安、海陽、綏安、海寧、潮陽，俱屬焉。寶安即今縣治。懷安即歸善，與海豐、興寧俱屬惠州。海安即高興故地，今高州府界。海陽、綏安、海寧、潮陽俱潮州。此時轄綦遠哉。安帝隆安元年，分東官，置義安郡。宋東官領縣六，仍轄寶安。歷宋至南齊，東官郡徙治懷安。梁分東官之海安，置廣州，寶安俱屬焉。隋開皇九年，廢東官郡，以寶安屬廣州。唐因之，後徙寶安於到涌。至德二十年，始更名東莞。宋開寶五年，省入增城，六年復置。元置為中縣，隸廣州路總管府。明洪武初，改總管府為廣州府，莞仍隸之。洪武二十七年，指揮花茂奏設東莞守禦所於城子岡，廣州左衛指揮崔皓築城焉。邑之基址，始屹乎城矣。正德間，民有叩閽乞分縣者，不果。隆慶壬申，海道劉穩始為民請命，撫按題允，以萬曆元年剖符設官，賜名"新安"。城因所城之舊，編戶五十六里；明末新建一里，共五十七里。而異邑鄉宦之田坐在邑地者，為附籍於五都二圖。邑地離省城二百四十里。

國朝順治三年，總督佟養甲入粵。知縣楊昌歸順離任，知縣張文煜蒞任。四年三月，陳御赤等率眾入城，邑人蕭一奇、黎民服會原參將子董天爵，集兵逐出赤，迎知縣張文煜守城。赤急攻三月，監軍道戚元弼、武毅伯施福、五鎮施郎水陸援守，不退。煜密令蔣朝鳳縋城，報督師李成棟。六月，追至山下王元喜樓，遂平之。順治五年，李成棟檄郡稱明。順治七年，兩藩平定。康熙元年，大人科、介立界，邑地遷三之二為邊。康熙三年，大人伊、石再看粵疆。總督盧以邑地初遷已多，會疏，止續遷東西路二十四圍。康熙六年，知縣張璞詳兩院具題，將遷存地丁錢糧歸併東莞。康熙八年，奉旨展界，復縣治，設官。

按：邑地頗遼闊，人民向稱輻輳矣。乃輻輳者，皆沿海之區。財求向稱饒阜矣。而其饒阜者以魚鹽，亦在沿海之區。邑剖符於萬曆元年，後以邊界故，歸併東莞，在康熙之六年。迨八年而界展，縣復矣。百年之內變遷至再，昔日之輻輳，今則晨星矣；昔日之饒阜，今則羸困矣。正猶壯人而病虛弱，不劑以參苓，其斃立見。李侯則既投以參苓矣，願吾民得永服茲劑，無俾復誤以硝戟，庶其有瘳哉！

（康熙《新安縣志》卷三〈地理志‧沿革〉）

自昔南交之命，朔南之暨，而交州一域，由來舊矣。秦始皇略取陸梁地，為桂林、象郡、南海。漢定越地，置交州刺史，令持節治蒼梧。南海郡領縣六。次博羅，邑之地屬焉。晉置寶安。唐更東莞。至明，而新安之名始著。歷代以來，興廢互異，一地之制，沿革不同。國朝康熙年間亦併而復置，迄今百數十載，規模大定，而政教亦廣被矣。志沿革。

縣治沿革表

唐虞	南交。
三代	揚州之南裔。
秦	南海郡番禺地。
漢	博羅縣。

三國	博羅縣。
晉	東官郡，治寶安。
宋	寶安縣，屬東官郡。
齊	寶安縣，屬東官郡。
梁	寶安縣。天監中改東官為東莞，仍領寶安。
陳	寶安縣，屬東莞郡。
隋	寶安縣，屬廣州。開皇九年，省東莞郡，以寶安屬廣州。大業三年，廢廣州總管府，屬南海郡。
唐	東莞縣，至德二年改屬廣州都督府。
五代	東莞縣，屬興王府。
宋	東莞縣，屬廣州都督府。
元	東莞縣，屬廣州路。
明	新安縣，萬曆元年，以東莞縣守禦所置，屬廣州府。

國朝因之。康熙五年，省入東莞縣。八年復置。

考附

《尚書·堯典》：申命羲叔，宅南交，曰明都。

《尚書·禹貢》：聲教訖於四海。（疏）：揚州曰淮海。惟揚州，則是揚州之境抵於南海。

《通歷》：定南海為藩服。周武王十三年

《漢書》：趙佗改南海為南武。高祖十一年置南海郡。武帝元鼎六年

《地理志》：南海郡縣六：番禺、博羅、中宿、龍川、四會、揭陽。

按：邑本番禺地，至漢隸於博羅，皆屬南海郡。

《晉書·地理志》：番禺縣屬南海郡。成帝分南海，立東官郡。

按：晉咸和六年分南海，立東官郡，領縣六，首寶安。而晉《地理志》載成帝分南海，立東官郡，不詳何年及所領縣。今從《宋書·

4

州郡志》補入。

《宋書‧州郡志》：寶安縣屬東官郡。

《隋書‧地理志》：寶安縣屬南海郡。

《唐書‧地理志》：東莞縣屬廣州都督府。至德二年改寶安為東莞縣。

《宋史‧地理志》：東莞縣屬廣州都督府。

《元史‧地理志》：東莞縣屬廣州路。

《明史‧地理志》：新安縣屬廣州府。

洪武廿七年置東莞守禦所，萬曆元年改為縣。

《大清一統志》：康熙五年省，新安入東莞。康熙八年，復置新安縣。新安縣屬廣州府。

府志載：《晉書》：“穆帝永和元年，置永平、新寧、新安三郡。”《地理志》：“哀帝太和中，置新安郡。今廣州屬有新安縣。”《明史》雖無 “舊曾為郡” 之文，然由南海、東莞、新寧諸縣推之，疑即昔之郡改置。《晉書‧地理表》內無此郡，惟於志末復著“太和中置新安郡”一語。《宋書‧州郡志》亦無新安以何地置，領縣幾何，後於何時廢，或省入何郡，或更置何縣。抑今之縣是否即昔之郡，皆不可考。故今於新安，表、考皆闕而不書云云。惟查寶安自晉隸東官郡，自唐改東莞縣，自明以東莞守禦所置新安縣。《東莞志》載：“邑在晉為郡治。舊城在石子岡。即城子岡，今新安縣治。唐時徙於到涌。” 據此，則今之新安縣地，即古之東官郡地。《東莞志》纂自元皇慶初，明經五修其說，似為有本。而新安郡之說，究無可考，亦存而不論可矣。[1]

（嘉慶《新安縣志》卷一〈沿革志〉）

1　羅香林教授曾對嘉慶《新安縣志》中“漢隸於博羅”的說法表示異議。他認為，東莞縣東北隅與博羅、增城二縣相接，漢時曾屬博羅管轄，自是事實。然而，其縣西南各部則不屬博羅管轄，仍屬番禺縣管轄。參見羅香林等：《一八四二年以前之香港及其對外交通——香港前代史》（香港：中國學社，1959 年），17—18 頁。

疆域

邑地枕山面海，周圍二百餘里，奇形勝蹟，不一而足。而山輝澤媚，珍寶之氣萃焉，故舊郡名以寶安。明萬曆改元，剖符設治，始名新安，取其"革故鼎新，去危為安"之義。國朝因之，而名不易焉。撰輿圖志。

按：新安本晉東官郡地，東控歸善，西抵香山，北連東莞，層巒疊巇，屏衛環列。東六十里曰梧桐山，二峰嵯峨干霄，為邑巨鎮；一百里曰九頓山；一百二十里曰大鵬山，由羅浮逶迤而來，勢如鵬然；一百三十里而遙曰陶娘山。東南五十里曰大帽山；七十里曰馬鞍山；八十里曰梅沙尖。南七里曰南山，則舊郡朝山也；二十里曰杯渡山，南漢時封為瑞應；與杯渡對峙，曰靈渡山，宋元嘉，杯渡禪師卓錫處；七十里曰官富山；百里曰梅蔚山，宋景炎帝行在所也。北三十里曰陽台山；八十里曰寶山，亦名百花林。東北六十里曰大平障山。西北四十里曰茅山；五十里曰參里山；曰鳳凰岩；曰大鐘山。西八十里曰虎頭山，屹峙中流，昔宋帝舟次於此。海中諸島曰合瀾洲，曰龍穴洲，曰大奚山。其嶼峒三十有六；曰零丁山，其下即零丁洋也，宋丞相文天祥曾經此，有詩。曰老萬山；曰南亭竹沒山；曰獨鰲洋，有飛瀑，若從天而下。凡滇江、端溪諸水，會珠江，屈折百餘里，至蛇犀合龍江，經虎門，匯分流湖，澎湃而注之東焉。新安環境如斯，誠一鉅觀也哉！然其形勝之所繫，內則鞏省城之金湯，外則絕邊倭之窺伺。撫茲邑也，登眺遠望，惕〔惕〕然有綢繆牖戶之思，寧不覽輿圖而有裨哉。

（康熙《新安縣志》卷一〈輿圖志·縣境圖、縣城圖〉）

6

嘉慶《新安縣志》附圖

邑地廣二百七十里，袤三百八十里。舊志[2]謂廣九十里，袤一百餘里，誤。

東至三管筆海面二百二十里，與歸善縣碧甲司分界。舊志謂東抵旱塘凹八十里，誤。

西至礬石海面五十里，與香山縣淇澳司分界。舊志謂西抵香山縣界十里，誤。

南至擔杆山海面三百里，外屬黑水大洋，杳無邊際。舊志謂抵佛堂門，誤。

北至羊凹山八十里，與東莞縣缺口司分界。舊志謂北抵蓮花峰六十里，誤。且蓮花峰偏於西北，亦非正北方。

東北至西鄉凹山一百五十里，與歸善縣碧甲司分界。舊志謂東北抵羊凹山九十里，誤。

西南至三牙牌山一百二十里，與香山縣澳門廳分界。舊志謂西南抵香山寨，誤。

西北至合瀾海面八十里，與東莞縣缺口司分界。舊志謂西北抵虎頭門，誤。

東南至沱濘山二百四十里，與歸善縣碧甲司分界。舊志謂東南抵平海守禦所，陸路一百五十里，誤。

按：新安形勢與他處海疆不同。蓋他處地以抵海而止，而新安則海外島嶼甚多，其下皆有村落，固不能不合計海面，而遺居民於幅員之外也。且以四至定縣治，不能以縣治定四至。故須統計海洋，開方畫界。舊志但即縣治陸地而論此，四至八到皆不足憑。即以正南言之，舊志謂抵佛堂門，而佛堂外如蒲台、長洲、大嶼山、擔杆山各處居民，竟不得隸於新安版圖乎？府志亦謂新安南抵海四十里，而新安縣城外即海，則至海四十里之說，亦誤。今就現在形勢，合計海陸，

2　嘉慶《新安縣志》所指"舊志"乃康熙《新安縣志》，下同。至於康熙《新安縣志》中所指"舊志"，一般會於文中標示舊志名稱。

酌定里數，而海面則以極盡處之山為止。再縣境東長西縮，東南寬而西北狹，縣城實偏於西北。舊志〈縣境圖〉將縣城繪列中宮，亦失方位。茲皆改正，庶幾疆域井然，而隅不致舛錯矣。

　　邑由城至府二百四十里，上至京八千餘里。

（嘉慶《新安縣志》卷二〈輿地略·疆域〉）

郭棐《粵大記》卷三十二〈廣東沿海圖〉中的香港部分

官富巡檢司建置

廨署

　　官富巡檢司署，在赤尾村，離縣治三十餘里。原署在縣治東南八十里，為官富寨。洪武三年，與福永同改為巡司。衙宇久壞，蒞任者多僦居民舍。康熙十年，巡檢蔣振元捐俸，買赤尾村民地，建造今署。

村莊 [3]

五都

錦田村	圓岡村	上村村	鑑巷圍	石湖塘
塱頭圍	沙莆圍	高莆圍	圓蓢沙莆	圓蓢東頭
田寮圍	鬱子圍	長莆圍	教場莆	石岡圍
竹園圍	亞媽田	白沙圍	水蕉圍	山下圍
水邊圍	橫州村	大井村	角子頭	大塘村
屏山村	香園圍	石步村	田心村	蓢下圍
廈村村	長岡村	雞柏嶺	沙岡村	蚰蛇鬱
輞井村	羊凹村	屯門村	小坑村	石榴坑
子屯圍	莆塘下	新田村	新塱村	乾涌村
洲頭村	勒馬州	米步村	蕉逕村	西山村

已上俱延福鄉，在大帽山之內。

掃管鬱	淺灣村	葵涌村	企嶺村	沙田村
官富村	衙前村	九龍村	莆岡村	古瑾村
遟尾村	新村圍	犬眠村	蓢機蓬	黃坭涌
香港村	烏溪尾	沙角尾	蠔涌	北港
涖涌村	定角村	澳尾村	洞仔村	瀝源村

---

3 康熙《新安縣志》所載香港村莊大致分佈於五都及六都範圍，嘉慶《新安縣志》香港村莊則集中在官富司行政區內。本書將兩種縣志中五都、六都及官富司所轄村莊全數登錄於正文，以方便讀者按原文順序查找各村位置。

已上在大帽山之外。

東西涌　螺杯澳　石壁村　梅窩村

俱在大奚山。

六都

大步頭	龍躍頭	逕口村	下坑村	樟木頭
牛蜞龍	新　村	田寮村	黃竹洋	跳頭村
龍塘村	蘇雀嶺	黃魚坦	地塘頭	高塘凹
坑頭村	塘坑村	隔圳村	河尚鄉	藍坑村
丙岡村	蓮塘尾	唐公嶺	西邊村	麥園村
上水村	嶺仔下	莆上村	平源村	鳳凰湖
凹背村	荔枝窩	黎峒村	上下園	鉗口壚
泰坑村	林村村	萬屋邊	沙角寮	小瀝源
碗寮村	楓園村	粉壁嶺	綠逕村	歌堂凹
隔塘村	東西頭	黃貝嶺	大嶺下	油榨頭
田貝村	凹下村	橫岡村	蓮蔴坑	崗尾村
塘坑村	樟木葫	松園下	山嘴峯	岡頭村
羅坊村	大逕村	坑仔村	大莆村	彭坑村
大望村	橫排嶺	谷豐嶺	丹竹坑	山雞鬱
谷步村	筍岡村	莆心村	新屋邊	田心村
赤坎村	月岡屯	羅湖村	塘邊村	下　村
塘尾村	福田村	赤尾村	岡下村	上步村
拈墩村	田面村	新英村	蚊洲村	莆海村
谷田村	下步村	麥園村	舊壚村	冚尾村
樟樹坦	馬料村	上梅林	下梅林	淡水坑
凹頭村	三角園	嶺貝村	西涌村	榕樹角
沙頭壚	下邊村	沙頭村	隔田村	白沙壚

漢塘村	烏石壠	東坑村	沙尾村	中心子
隔莆壠	石頭下	小黃岡	新竈村	椰樹下
東山村	坭岡村	南岸村	莆隔村	南嶺村
松園頭	水逕村	大分村	緣分村	莊屋村
石凹村	清湖村	新　村	缸瓦園	仙田村
郭下村	樟坑村	鬱頭村	鵁閗村	橫眉村
乂坑村	牛湖子	上分村	赤水洞	李公逕
田心莆				

論曰：昔黃帝經理天下，立為萬國，創制九州，唐虞三代因之。秦併天下，制為郡縣，歷代因之。故州縣之有封域，猶室家之有門戶也。邑地介在南服，層巒屏負，中聯惠潮，南據滄溟，淼茫無際，每為奸人嘯聚淵藪；斥堠封守，倍宜周詳。分治浸久，都里井疆，亦幾釐而正之矣。而詭竄脫役之奸，終莫究詰。邇來災荒寇盜，比歲洊加，烽燧戒弛，疆圉失守。而附城一帶，疲於重役，率多蕭索。彼隸安之籍者，盡編民也。踐安之土者，固難逃力役之徵也。而那移影附，盡以豪右為三窟。奸民投竄，異邑包庇，獨不可考而核之乎？夫分土授民，疆畫固井然也。若漸置不問，則藏亡匿罪，奸宄竊發，究且由斯蜂起。《書》曰：「申畫郊圻，慎固封守，以康四海。」是在良牧加之意哉。（見崇禎癸未年舊志）

按：邑之為鄉者三，為都者七，為圖者五十有七，為村將五百所。雖煙戶之多寡不同，大都近山者晨星而濱海者轂擊。兵燹寇疫之後，繼以遷界，雖幸而展復，畢竟轂擊者亦轉而晨星矣。乃七都一帶，大半逃編他邑，今亦仍舊志而存其名。然釐而正之，未易也。況新安地方兵民雜處，又值遷析初復，土多民寡。間有招集異縣人民墾闢荒田，誠恐奸歹叵測，保甲宜嚴。現今正印官督令巡捕，地方各官不時稽察，諭令保甲，嚴加鈐束，造冊繳報上台。而其不遵查編者，新安索之，則曰「余隸於莞」；東莞索之，則曰「余隸新安」。彼此推避，若姑置之南陽不可問。雖有藏亡匿罪，釀成奸宄，究亦莫可誰何矣。豈但逋糧之害，獨累吾邑已哉。

（康熙《新安縣志》卷三〈地理志・都里〉）

一、建置

官富司管屬村莊

錦田村	屏山村
屏山香元圍	屏山廈尾村
廈川村	長岡村
新隆村	新圍村
錫降圍	錫降村
東頭村	屯門村
西山村	輞川村
高莆圍	英龍圍
石岡圍	石湖塘
圓岡村	上村村
合山圍	東安圍
塱頭圍	沙莆圍
竹園圍 / 元蓢李屋	元蓢南邊圍
元蓢西邊圍	元蓢東皋村
元蓢福田村	元蓢青磚圍
福安村	山背村
水邊圍	水邊村
馬田村	欖口村
田寮村	木橋頭
深涌村	白沙村
田心圍	大塘村
山下村	港頭村

大橋村　　　　　　　　　石步李屋村

石步林屋村　　　　　　　東新村

張屋村　　　　　　　　　大井村

橫洲村　　　　　　　　　蚺蛇鬱

沙岡村　　　　　　　　　鰲岴村

隔田村　　　　　　　　　廣田村

雞柏嶺　　　　　　　　　新豐圍

子屯圍村　　　　　　　　莆塘下

小坑村　　　　　　　　　中心巷

袁家圍　　　　　　　　　石榴坑

梅窩村　　　　　　　　　牛凹村

石壁村　　　　　　　　　沙螺灣

塘福村　　　　　　　　　石頭莆

石甲門　　　　　　　　　二澳村

水口村　　　　　　　　　由古葿

平洲灣　　　　　　　　　青龍頭

龍躍頭　　　　　　　　　河上鄉

金錢村　　　　　　　　　燕岡村

丙岡圍　　　　　　　　　孔嶺村

上水村　　　　　　　　　莆上村

嶺下村　　　　　　　　　隔田村

永安村　　　　　　　　　橋邊莆

粉壁嶺　　　　　　　　　松柏蓢

古洞村　　　　　　　　　大嶺下

石湖墟　　　　　　　　　洲頭村

新田村　　　　　　　　　張屋村

唐公嶺　　　　　　　　　長瀝村

官涌村　　　　　　　　　米步村

軍地村	黎峒村
丹竹坑	泰亨村
大步頭	文屋村
大步墟	大窩陳屋
大窩黃屋	南坑村
豐園村	塘坑村
涅涌村	圍頭村
鍾屋村	塘面村
新屋村	隆興村
烏溪沙	樟木頭
西澳村	田寮村
井　頭	大洞村
官坑村	上下峯
西逕村	榕樹澳
馬牯纜	沙角尾
黃竹洋	北港村
蠔涌村	滘塘村
大浪村	北潭村
赤逕村	樟上村
馬鞍山	菱香逕
大灣村	仰窩村
積存圍	田心村
逕口村	隔田村
小瀝源	九龍寨
衙前村	蒲岡村
牛眠村	牛池灣
古瑾村	九龍仔
長沙灣	尖沙頭

芒角村	土瓜灣
深水莆	二黃店村
黃泥涌	香港村
薄寮村	薄鳧林
掃管莆	赤礐村
向西村	湖貝村
水貝村	黃貝嶺
上步村	羅湖村
南塘村	向南村
湖南村	西湖村
東鄉村	洲邊村
福興圍	葉屋村
曹屋圍	清慶村
田心村	隔塘村
田貝村	壆下墩
向東村	錦興村
赤尾村	陳屋圍
筆架山	慶田村
澗頭圍	鳳凰湖
週田村	李屋村
平源村	大莆田
山雞鬱	塘坊村
土狗莆	羅坊村
松園下	凹下村
橫岡下	木湖圍
赤水洞	大逕村
牛角山	馬公塘
南岸村	萌貝村

新屋邊	泥岡村
笋岡村	大莆村
莆心村	田尾村
草塘圍	新屋嶺
彭坑村	月岡屯
上梅林	下梅林
新石下	舊石下
龍塘村	沙嘴村
東涌村	椰樹下
梅林逕下	沙尾村
東坑村	西涌村
東山村	莆海村
西河村	沙頭東頭村
新竈村	蚊洲村
福田村	田面村
岡下村	谷田村
下新村	漢塘村
橫岡村	隔涌村
嶺貝村	三角村
吉田村	白石龍
烏石下	上新村
和寧墟	培風墟
田心圍	泰源里
大平村	緣芬村
竹村村	清湖村
龔村村	上芬新村
平湖圍	松源頭村
喬頭圍	黃沙坑

石馬舊圍	述昌圍
岐嶺村	長表村
白坭坑	新圍仔
竹山下	諸佛嶺
劉家圍	西莆圍
塘頭下新墟	雙安村
黃客埠	隔水村
餘慶圍	振興圍
莆心湖	甲溪村
苦草洞	清湖墟
良安田	白沙澳
橫塘村	焀逕村
謝坑村	珠園莆
下步村	鹽田田寮下
廓　下	緣分村
大壟村	大輞仔

官富司管屬客籍村莊　附

莆　隔	草莆仔
大輞仔	樟樹莆
大　望	李　葫
蓮麻坑	柑　坑
木　古	大　芬
新田子	泥圍子
丹竹頭	南嶺了
木棉灣	松園頭
水逕窩	梅子園

洞尾山	金墈頭
上下坪	茅　坪
梅　林	泥　岡
大坑塘	九龍塘
香　園	蓮　塘
莆　心	禾逕山
鳳凰湖	禾　坑
羅　坊	平　洋
萬屋邊	凹　下
麻雀嶺	烏　石
鹽竈下	南涌圍
七木橋	鹿　頸
平洋村	烏蛟田
茅田子	烏鑵涌
馬　尿	荔枝窩
谷　埠	風　坑
逕　下	大林圍
朝陽園	榕樹凹
鎖腦盤	新　村
担水坑	沙井頭
山　嘴	逕　口
鼓樓塘	凹　頭
黃茅田	暗　逕
奄　上	金竹村
大峯尾	園墾頭
凹背子	龍眼園
屯　圍	紅　崗
鴨矢墾	藍　山

小　莆	沙岡墟
碗　窰	沙螺洞
圍　下	黃寓合
坪山子	丹竹坑
鶴　藪	莆心排
黃魚灘	下　坑
洞　子	珩溪浦
社　山	下　窩
蓮　逕	平　葫
栢鰲石	梧桐寨
寨　凼	大芒峯
大　菴	蕉　逕
蓮　塘	坑　頭
牛牯角	上下峯
橫台山	馬鞍岡
長　莆	小莆村
沙井頭	大　欖
掃管鬱／埔	水　蕉
大　窩	上下塘
響　石	城　門
穿　龍	淺　灣
長沙灣	葵涌子
青　衣	田富子
蓮塘尾	油甘頭
花　山	帳頂角
樟樹灘	九　肚
花香爐	孟公屋
井欄樹	沙角尾

上洋	檳榔灣
芋合灣	爛坭灣
大灣	荔枝莊
馬油塘	沙田
大腦	中心村
黃竹山	大水坑
石湖壢	小梅沙
雪竹逕	李公逕
坑下莆	莆上村
莆上圍	黃沙坑
塘逕	清溪壢
大埔圍	鐵場
莆草洞	羊頭圍
畫眉凹	緣分
翟屋邊	芋荷塘
松園下	福田村
西湖	岡頭子
羊公塘	羊尾
馬鞍堂	象角塘
泮田子	樟坑子
滑石子	岡陶下
大冚子	赤嶺頭
早禾坑	盧盛塘
牛地埔	深水埔
稈藪萠	白石嘴
羊頭嶺	姜頭
萠口	石凹
蕨嶺	西坑

24

大　蠔　　　橫　葂

白　芒　　　東涌嶺皮圍

賴屋山　　　吉　澳

杯　凹　　　甲𩇵洲

（嘉慶《新安縣志》卷二〈輿地一·都里〉）

一、建置

遷界與復界

初遷

順治十八年，因海氛未靖，將議遷民以避害。總鎮張沿海看界。

康熙元年二月，大憲巡邊立界，邑地遷三之二。三月差鎮曹、總統馬督同營兵析界，驅民遷入五十里內地。民初不知遷界之事，雖先示諭，而民不知徙。及兵至，多棄其貲，携妻挈子以行，野棲露處。有死喪者，有遁入東莞、歸善及流遠方，不計道里者。

（嘉慶《新安縣志》卷十三〈防省志·遷復〉）

再遷

康熙二年八月，大人伊、石再看粵疆，續立界，邑地將盡邊焉。總督盧以邑地初遷已多，會疏，免續遷，止遷東、西二路共二十四鄉。

康熙三年三月，城守蔣弘閏、知縣張璞，逐東、西二路二十四鄉入界。以後每年大人四季巡界。先是初遷，民多望歸，尚不忍離妻子。及流離日久，養生無計，爰有夫棄其妻，父別其子，兄別其弟。且為夫者哭而送其妻曰："汝且跟他人為婢以免死"。為父及兄者，泣而命其子若弟曰："汝且傭工於他族以養汝生"。時豪民富客，常有不用貲買而拾養遷民子女者，奚啻千百焉。至於壯年之民，散投各營以圖養口。其餘乞食於異鄉者，沿途皆是；輾轉於道旁者，何處蔑有！又間有重廉恥者，行乞不忍，而又計無復出，遂自取毒草研水，舉家同飲而沒。時上台及縣長官，俱日謀安插，但遷民多，而界內地少，卒莫能救。

（康熙《新安縣志》卷十一〈防省志・遷復〉）

復界

康熙七年正月，巡撫王疏奏乞展界。奉旨特差大人勘展邊界，設防守海。會同平南王總督周行邊，士民歡呼載道，皆遠迎之。十月，總督周上疏，請先展界而後設防。是時遷民歸志甚急，聞疏益喜。

康熙八年正月，展界，許民歸業，不願者聽。民踴躍而歸，如獲再生。七月，奉旨准復縣治，委番禺縣丞路一鰲暫署縣事。

康熙九年七月，知縣李可成蒞任。下車伊始，見遷民未歸者尚眾，其一二新復殘黎，亦無廬舍棲止。欷歔久之，因而多方招集，盡心撫字，民乃多賦歸來，且畎厥田，寧厥居。數年以來，民歌大有。

論曰：遷移之苦，棄故居之田里，剗新徙之蓬蒿。其有重載者，尚可久免於流離。其貧屢之家，卒然失業，仰給無資。父子不相顧，夫婦不相保，充營兵，投奴隸，難以悉數。及復歸，死喪已過半。幸而歸者，牛種無資，編茅不備，亦未易以安生也。李侯給具勸耕，悉心招徠，煩刑苛政，概無擾之，春台有其漸矣。而魚鹽失利，貨用艱運，不能無望於當寧焉。

康熙二十一年，台灣平。大奚山諸島盡復業居住耕種。遂撤海禁，令船隻捕取魚蝦如舊。特行印烙。

（康熙《新安縣志》卷十一〈防省志・遷復〉）

二、環境

山水

山

杯渡山,在縣南四十里,高峻插天。原名羊坑山,一名聖山,南漢時封為瑞應山。

靈渡山,在縣南三十里,與杯渡山對峙。舊有杯渡井,亦禪師卓錫處。

虎頭山,在官富九龍寨之北,亦名獺子頭。怪石嵯峨,壁立插天。其下凹路險峻難行,然實當衝要道。乾隆壬子年,土人捐金,兩邊砌石,較前稍為平坦。舊志虎頭山入東莞,與此別。

馬鞍山,在縣東八十里,枕東洋,形如馬鞍。山腰有田數十畝,舊村久廢,今復有家居者。

大帽山,在城東五十里,形如大帽,由梧桐山迤邐南旋西折。高二百丈,為五都之鎮。上有石塔,多產茶。

觀音山,在城東南,大帽山帳內,奇峰聳峙,仰干霄漢,頂有觀音廟。見舊志。

桂角山,在縣東南四十里,多產桂,兩山競秀如角,一名鼇潭山。其山有雲即雨,上有仙女梳粧石。宋鄧符築力瀛書院,講學於其下。今基址尚存。

梅蔚山,在縣南一百里,前護縣治,後障東洋,叢生林木。宋景炎帝常駐蹕於此。

官富山,在佛堂門內,急水門之東。宋景炎中,帝舟曾幸此,殿址尚存。舊設巡司，今遷入赤尾村。

大奚山，一名大嶼山，在縣南百餘里，為急水、佛堂門之障山，有三十六嶼，周圍二百餘里。有異鳥，見則大風生。山中有村落，多鹽田，宋以為李文簡食采，今仍之。

大嶺山，在縣東上水村後，歲旱，鄉人禱雨必應。

神山，在縣東九十里，瀝源村下。有車公古廟。山頂有石壁立，甚高。土人祈雨於此。

鴉洲山，在大步海中，其形如鴉。

獅子嶺，在六都龍塘村側，逶迤里許，有一石屹立崢嶸，雲掛則雨。康熙年間移遷，分界在此。煙墩故址猶存，又名煙墩嶺。

九逕山，在縣南四十里，下臨屯門澳，明海道汪鋐帥土人殲佛朗機於此。

丫髻山，在縣東南大井村側，兩峰並峙，相距百餘丈，中平如衡，下有鄧符墓。

雞婆山，在九龍寨東南，怪石嶙峋，昔土寇李萬榮駐此，以掠商舶。

淺灣山，在縣南九十餘里。

三杯酒山，在大步海中，如三杯浮海面，故名。

仰船洲山，在城東南洋海中，形如仰船。

龍鼓山，在縣南洋海中。

鳳凰山，在大奚山帳內，雙峰插霄，形如鳳閣，與杯渡山對峙。中有神茶一株，能消食退暑，但不可多得。土人於清明日上山採之，名曰鳳凰茶。頂有小石，祈雨多應。

赤柱山，在縣南洋海中，延袤數十里，諸山環拱，為外海藩籬，有兵防守。

蒲苔山，在縣南洋海中。

上、下磨刀山，在縣南海中。

白鶴山，在九龍寨西北，上有遊仙岩，岩下三小石如品字。上盛一巨石，高約六、七丈，廣約三丈餘，壁立難升。石頂有棋枰、棋子，至今猶存。石北刻"遊仙岩"三字，第年遠，字稍模糊。昔常有白鶴一雙，棲止石上，故名。

雙魚嶺，在縣東上水河上鄉，兩山相並，如魚戲水。

龍躍嶺，在縣東五十里，高百餘丈，周迴十餘里，林木叢生，下有溪水，相傳有龍躍其間。

打鼓嶺，在六都，俗傳風雨夜聞鼓聲。

黎峒逕，在縣東六十里，通鹽田、大鵬等處。

錦田逕，在縣東南錦田村後，通蕉逕汛。

觀音逕，在觀音山腰，通林村、大步頭等處。

大步逕，在縣東六十里，通九龍、烏雞沙等處。

九龍逕，在官富山側。

風門凹，一在黃田村後，一在新田村側。

城門凹，在六都，通淺灣。

扶地凹，上水往深圳通衢之路。

佛凹，在縣東五都，往來通衢。

（嘉慶《新安縣志》卷四〈山水略·山〉）

水

後海，距城五里，通於海，東南即沙岡。其水中分沙江、水源二支。東南由大帽、紅水山匯歸穿鼻嘴，折而西。東由梧桐山迤邐而來，流至白鶴州合流，歸沙岡，繞護縣城。

獨鼇洋，在城南二百里，左為佛堂門，右為急水門。[1]

急水門，在官富山南。

鯉魚門，在官富山之南。

1　獨鼇洋即今日維港所在海域。

佛堂門，在鯉魚門之東南，又曰鐵砧門。旁有巨石，長二丈餘，形如鐵砧。潮汐急湍，巨浪滔天，風不順，商舶不敢行。其北曰北佛堂，其南曰南佛堂，兩邊皆有天后古廟。北廟創於宋，有石刻碑文數行，字如碗大，歲久漫滅，內"咸淳二年"四字尚可識。廟右曰碇齒灣，古有稅關，今廢，基址猶存。其南佛堂之山，乃弧島也，康熙年間，設砲台一座，以禦海氛。嘉慶庚午，知縣李維榆詳請，移建此台於九龍寨海旁。

滘水，在城東四十里，發源於梧桐，右莆隔，左龍躍、雙魚諸山。西流曰釗日河，北出曰大沙河。二支分流至滘山，合流而西，曰滘水，經黃岡逶迤四十里入後海。[2]

穿鼻滘，在城東南三十里，發源於大帽、紅水諸山。由錦田、屏山十餘里，西北合流，匯於穿鼻嘴，南折而入沙江海。[3]

屯門灣。

擔竿洲，在縣南海中，形如擔竿，外即大洋無際。番舶入廣必由此。離縣治約三百里。[4]

白鶴洲，在五都海中，潮長群鶴俱集，望如堆雪。

勒馬洲，在五都，一山橫出海邊，形如勒馬。

媚珠池，舊志云在大步海，漢時採珠於此，今廢。

長洲，在急水門外，大奚山南，長十餘里，商賈多聚集於此。

平洲，在七都下沙村前洋海中，長一二里，橫亙海面。

綠橘潭，在五都龍躍頭，多橘樹，歲旱，鄉民多禱於此。

流水響潭，在五都，發源處有數石井，天造地設，深約尋丈，春夏漲如飛瀑，秋冬則琮琤細響。

2　從發源地、流經地、流向和入海處判斷，滘水即深圳河。

3　從發源地、流經地、流向和入海處判斷，穿鼻滘即錦田河。

4　擔竿洲不在香港水域之內，然可以據此而知船舶進入香港的方向，因此擇錄於此。

陂堰 附

沙塘陂，在上水村後，源自水門山，流下十餘里，堰以灌田。

石陂，在上水村右側，水源自沙塘陂流下，堰以灌田。

石湖陂，在石湖墟側，水自塘坑流下，堰以灌田。

松柏朗陂，在松柏朗村側，自石湖陂流下，堰以灌田。

蓮塘陂，在五都水蕉村側，源自白豪山流下，堰以灌田。

大陂頭，在五都馬田之右，水自南坑、水蕉諸山流下，堰以灌田。

三灣陂，在五都，風吹羅帶、紅水諸山流下，堰以灌田。

羅卜山陂，在五都，山水源長，築有一岩陂、二岩陂、三岩陂、四岩陂，堰以灌田。

河上鄉陂，在六都，自錦田逕，水入古洞陂流下，堰以灌田。

（嘉慶《新安縣志》卷四〈山水略‧水〉）

潮汐

朝曰潮，夕曰汐。自東南大洋，道佛堂門，至南頭大海，一派而上，分五節。初一至初三、十六至十八日，夏辰冬午，春秋巳時潮；夏戌冬子，春秋亥時汐，謂之平。初四至初六、十九至二十一日，夏巳冬未，春秋午時潮；夏亥冬丑，春秋子時汐，謂之落。初七至初九、二十二至二十四日，夏寅冬辰，春秋卯時潮；夏申冬戌，春秋酉時汐，謂之敗。初十至十二、二十五至二十七日，潮皆同上，惟春則巳時；汐皆同上，惟春則亥時，謂之起。十三至十五、二十八至三十日，夏卯冬巳，春秋辰時潮；夏酉冬亥，春秋戌時汐，謂之旺，與他處異。每年五月初一至初三、十六至十八日，潮最大，俗呼龍舟水。十一月初一至初三、十六至十八夜，汐最大，俗呼夜生水。八月中，潮較大。值颶風作時，早潮阻風不得落，晚潮復至，波濤洶湧，往往漂廬舍、沒禾稼、壞舟楫，謂之沓潮。或數十年一有之。

十月朔，候潮以占明年之水，以日值月。朔日潮盛，則正月大水；二日，則應二月，至十二日皆然，占之悉驗。又潮長之早晚，諺云："初一、十五當朝飯，初八、二十三，水大牛歸欄。"此漁人舟子俚語，然百不失一也。

（嘉慶《新安縣志》卷四〈山水略・潮汐〉）

井泉

桂角泉，在桂角山下，泉水甘美。

仙人井，在長洲山麓，泉出石上，隆冬不竭，甘冽異常。

（嘉慶《新安縣志》卷四〈山水略・井泉〉）

氣候與月令

氣候

粵為炎服，多燠而少寒。三冬無雪，四時似夏，一雨成秋。其舒早，其肅遲。邑介歸、莞之間。西南濱海，厥土塗泥，水氣上蒸。春夏淫霖，庭戶流泉，衣生白醭。即秋冬之間，時多南風，而礎潤地濕，人腠理疏而多汗。諺曰："急脫急著，強於服藥。" 此氣候之大較也。

風異　附

六、七、八月有颶風。其作也，斷虹先兆，雲凝不行，雷隱不動，海氣沸騰，磯石響，水禽遯，狂飆乍起乍息，常有過夜北風。其成也，毀屋殺稼，拔木沉舟。其息也，必轉東蕩西而南，然後停止，謂之回南。若不回南，則間日復發。諺曰："颶母不回南，再來不待三。" 其暴者不久，或數時，或一日夜。其柔者愈久，或二三夜而後息。凡歲，一鬼打節，有一颶；三鬼打節，有三颶。鬼，鬼宿也。打節者，或立春、立夏等節逢鬼宿也。又有石尤風作，與颶風同。但颶風起止，俗謂對時，石尤則略異也。他如海氣腥，亦暴風之兆。雲腳疏直，謂之風路，舟人即徙舟避之。至東南北驟作，謂之北暴，謂之鹹頭，又謂之泥浪，此則較颶風少遜，又不必回南而後息。俗人占風，有以時占者。諺云："朝發三，晚發七，晝發不過日。" 有以潮占者，諺云：“潮生則風起，潮退則風止。”此即泥浪之風，又云：“近海多風。”

（嘉慶《新安縣志》卷二〈輿地略·氣候〉）

通志·廣東月令

正月，桃李花盛，柔桑可採。二麥黃，老圃種薑，剪韭，田功既興。

二月，雷發聲，虹蜺見，魚苗生，蜆降於霧，木棉、橘、柚華。是月也。農功畢作。

三月，溫風至，梅子熟，檳榔苞坼，催耕鳴，田蛙鼓吹。

四月，榴火明，榕成蔭，紫菱照水，樹蘭綴珠，白雨以時至。

五月，朱荔熟，椰含漿，蟬大噪，鉤割鳴年，早禾登場。

六月，白雨足，西潦至，颶母乘潮，荔枝早熟。是月也，新穀既登，亟播晚種。

七月，秧針碧，菸田浮，蝴蝶營繭。是月也，暑益酷，爍石流金。

八月，木芙蓉花，梨、栗熟，芋可剝，粘始穫，河豚乘潮至。

九月，木樨瘴發，紅薯登，白欖落，嘉魚出於峽，大粘始穫，菊有黃華。

十月，嶺梅開，八蠶功畢，橘、柚垂實，潮田盡登。是月也，霜始下，氣乃寒。

十一月，桃始華，冬筍出，楓漸丹，鷓鴣蔽葉，山花時茂，畬田布種。是月也，農斂穀屯囷，涸塘以漁。

十二月，水仙來賓，梅乃大放，風蘭賀春，青陽漸暢，草木萌動。

（嘉慶《新安縣志》卷二〈輿地略·月令〉）

占候

十二月，小寒晴，早禾熟。大寒晴，晚禾熟。雨暗則歉云。邑地無冰，民不知有東風解凍。歲有微霜，物以蕃登。俗云："勤下糞不如早犁田。"言打霜也。或有微冰，人即以為瑞雪云。

（康熙《新安縣志》卷二〈天文志‧占候〉）

占候　附

正月，元旦暗，有雨。諺云："乾冬濕年，禾穀滿田。"又謂："正月初六日晴，人民安；十六晴，有蠶生；二十六日晴，有蔬果。"又謂："立春晴一日，農夫耕田不用力。立春前一日有雨，則一春皆雨。"

二月，俗以春分社占豐歉。諺云："分在社前，斗米斗錢。"言穀貴也。"春分社後，斗米斗豆。"言穀賤也。又曰："雨打驚蟄節，二月雨不歇。三月乾耙田，四月禾生節。"言無水插秧也。

三月，俗謂：清明晴，則諸物豐，蠶少。諺云："清明須用晴，穀雨須用雨。"

四月，諺云："小滿池塘滿，不滿天大旱。"

五月，夏至雨，云洗倉水，米貴。又以二十為分龍日，二十五日為回龍日，不雨則歉。曰："分龍不下回龍下，回龍不下乾啞啞。"又以二十六日雨為分龍水。是月，晴天片雲，雨頃刻至者，曰白撞雨。諺云："早禾望白撞，翻藁望偷淋。"偷淋者，夜雨也。

六月，喜初六晴，禾無蟲，早稻有收。十二日多風，俗呼彭祖忌，無風則雨。

七月，立秋小雨吉，大雨傷禾。諺云："天下若逢處暑雨，縱然結實也難收。"

八月，初一日風雨，穀貴，人民災。虹見，穀貴。中秋月明，產婦安寧。

九月，諺云："霜降值金，一晴一陰。"又云："重陽有雨重重有，重陽無雨一冬晴。"又云："寒露風，穎不實。霜降雨，米多碎。"

十月，朔晴一冬暖。風雨主旱，蘇子貴。俗以初一日有霧，則明年正月雨；有大風，則明年米貴。初二日有霧，明年二月雨。三、四、五、六、七、八、九、十等日皆然。此日無霧，則明年此月無雨云。

十一月，冬至晴，百物成。

十二月，小寒晴，早禾熟。大寒晴，晚禾熟。雨暗則歉云。

（嘉慶《新安縣志》卷二〈輿地略·月令〉）

物產

穀類

《呂氏春秋》云：“飯之美者，南海之秬。”楊孚《南裔異物志》：“交趾農者，一歲再種，冬又再熟。”

邑中宜稻，名類最多，曰早禾仔、曰海豐早、曰黃殼仔、曰紅頭早、曰大桂早，此頭造之早禾也。曰甲子週、曰飯羅黏、曰不知春，此頭造之遲禾也。曰莆菱、曰赤穀仔、曰鷓鴣來、曰白殼赤，此頭造之赤米穀也。曰紅糯、曰響糯，此頭造之糯穀也。曰竹黏、曰岡黏，此末造之早禾也。曰白穀、曰矮苗、曰圓黏、曰烏篤黏，此末造之遲禾也。曰竹黏糯、曰羊角鈕、曰烏臀糯、曰白糯，此又末造糯穀之種類也。若鹹敏為鹹田之穀，香粳為美穀之名，稻之大概可知矣。稷之類有三，皆名為粟，曰鴨腳粟、曰狗尾粟、曰大粟。麥之類三，曰大麥、曰小麥、曰蕎麥。菽之類，厥名為豆，五色皆具，曰青豆，曰黃豆，曰白豆，曰烏豆，曰赤豆，又有綠豆、眉豆、三收豆。合黍、稷、稻、麥而總名之曰穀，此五穀之大凡也。

芋以黃芋為最，有青芋、銀芋，其莖俱甘滑可食。

邑之薯類不一，有甘薯、山薯、番薯、葛薯、毛薯、紅薯、白薯、大薯之別。惟番薯，土人間以之代飯，頗有補益，以其得土性厚也。

芝麻一名胡麻，亦曰巨勝，有黃、白、黑三種，其黑者益腎，最宜人。

菜

菜之產不一。春則芥藍、莙蓬、生菜、青蒜、菠菱、蕹蒌，而蒲稍後。夏則莧菜、豆角、蓊菜、涼瓜、黃瓜、節瓜。秋冬則白菜、芥菜、蘿蔔、冬瓜。生薑至葱、韮四時皆有焉。

昆布，生海中，葉如掌，大似蓴葦，綠色，土人以淡水漂之，則色白如雪，可療痰癧，一名大葉苔。

海藻，俗名馬尾茜，人多採之，以油醋拌食。

膠菜，一名鹿角菜，其色紫，生海涯石上，可為裱糊之用，工匠多珍之。

紫菜，生海涯石上，為食品所珍，故銷售甚廣。

茶

茶產邑中者甚夥，其出於杯渡山絕壁上者，有類蒙山茶。烹之作幽蘭、茉莉氣。緣山勢高，得霧露以滋潤之故，味益甘芳，但不易得耳。若鳳凰山之鳳凰茶，擔竿山之擔竿茶，消食退熱，以及竹仔林之清明茶，亦邑中之最著者也。

果

荔枝，樹高丈餘，或三四丈。綠葉蓬蓬，青花朱實，實大如卵，肉白如肪，甘而多汁，乃果之最珍者。故蘇玉局詩云："但得荔枝三百顆，不妨長作嶺南人。"其種不一，曰大荔、曰黑葉、曰小華山、曰狀元紅，俱於仲夏成熟。

龍眼，一名龍目，實青黃，形圓如彈，核似木梡子而不堅，肉白而多漿，其甘如蜜，叢生作穗，如葡萄然。荔枝過則龍眼熟，故又名荔枝奴，言常從其後也。

沙梨，葉如柿葉而大，二三月開花，六七月子熟，其大如瓶，其小如杯。肉白無渣滓，其甘如蜜，可療熱症。有青梨、黃梨、蜜梨三種，產烏石岩者佳。

橘，為樹白花赤實，皮既馨香，又有佳味。

柚，橘屬，其心有大、小、紅、白數種。

橙子，亦柑橘之類，甘香沁齒，皮性辛溫，可醒酒。

五斂子，其色青黃，皮肉脆軟，味極酸，身有五稜，邑人呼稜為斂，故以為名。能解蠱毒。以蜜漬之，甘酸而美。《虞衡志》："五稜子即五斂子，又名羊桃，亦名三斂。"

甘蕉，葉長數尺，花色如芙蓉，一名芭蕉。其子熟時，大小排比，其形如梳。東坡詩云："西鄰蕉向熟，時置一梳黃。"生割之，置數日乃熟。

宜母果，似橘而酸。婦人懷孕不安，食之輒無恙，故有宜母之名。又名宜濛，俗呼林檬，製以為漿，甘酸解暑。

黃皮，果大如龍眼，食荔太多，黃皮解之。

蜜望果，樹高數丈，花開極繁，蜜蜂望之而喜，故名。其實黃，味酸甜，能止船暈。

萬壽果，樹高如桐，實在樹間，如柚，味香甜可人。

西瓜，皮青、心紅、核黑，五月最盛。有大如斗者，剖食之，甘涼解暑。邑燕村所產最佳，他處皆不及也。一名犀瓜。

波蘿，高尺許，葉長如劍，有刺，挺地而生，每一樹止結一子，至夏成熟，其色黃赤，味甚甘香。土人慮有熱毒，去其皮，以鹽擦之。

落花生，延蔓而生，葉碧花黃，花落而實結於泥中。仁白，炒熟清香可人，榨而成油，為利最廣。一名地豆，邑中甚夥。

蔗，有二種，曰白蔗、曰竹蔗，而邑中惟竹蔗長丈餘，頗似竹。有正本，有庶本，斜而種之，多庶出，庶出尤甘。冬時榨汁，煮煉成糖，其濁而黑者，曰黑片糖；清而黃者，曰黃片糖；其白而細者，曰白沙糖。

油柑子，山果也。皮滑如柰，色青黃，大如彈丸，味甘而微苦，食後香留舌本。一名洋柑。

花

梅花，《羅浮志》載：“廣郡梅花，常與菊花相及，所謂先開嶺上梅也。”

素馨花、茉莉花，皆番人自西國移種於南海。人憐其芳香，競植之。按：素馨，原名那悉茗，南漢宮人素馨喜簪此花，故名。較茉莉更大，香最芬烈。

指甲花，樹高五六尺，枝條柔弱。花開時其香與素馨、茉莉相等，亦番人自大秦國移植南海，今邑人多種之。

朱槿花，莖葉皆如桑葉，光而厚。樹高四五尺，自二月開花，仲冬始歇。其花深紅色，五出，大如蜀葵；一叢之上，日開數百朵。

拘那花，即夾竹桃花。夏開，淡紅色，一朵數萼，至深秋猶有之。

史君子花，蔓生。作架植之，夏時盛放，一簇開一、二十花，輕盈似海棠。

蘭，為香祖，以椏蘭為上。莖多岐出，其葉長至三尺，蕾尖花大且繁，常有一莖及椏，開至五十餘花者。色黃，有紫點，香味甚厚，稱隔山香。次則公孫偪，每一大莖，輔以二小莖，若公之領孫。其花從上開下。又次曰出架白，一名素心。又次則青蘭，葉長二尺，小而直。其花青碧，以白幹者為上，紫幹次之。又次為黃蘭，葉長而稍大，花淡黃，有小紅紋。又次為草蘭，以短葉白幹者為上，有雙花、單花之別。

賀正蘭，當立春及元日始開。

風蘭，花從葉心抽出雙朵，懸於簷間，不着水，自然繁茂。一名弔蘭。

樹蘭，高丈許，花似魚子，香烈過之，不能度嶺。

珍珠蘭，《廣州志》曰暹蘭，如珍珠、如金粟，一枝數串，來自暹羅，一名雞爪蘭。

菊花，當秋盛開，惟嶺南則於冬始放。蘇子瞻詩云："嶺南有菊即重陽"，蓋菊性凌霜愈盛，而嶺南嘗以冬至始有微霜也。其色有紅、白、黃、胭脂數種。

弔鐘花，樹高數尺，枝屈曲偃蹇，正月初先作花，後開葉，一枝綴數十小鐘，色晶瑩如玉，雜以紅點，邑杯渡山極多。

馬纓花，赤如馬纓，其花下垂，一條數千〔十〕朵。樹高丈許，有白、有桃紅而大紅鑲邊，尤異種也。

九里香，木本。葉細如黃楊，成叢。花白，有香甚烈。又有七里香，葉小梢大，其樹皆不甚高，可作盆盎之玩。

鳳仙花，一名金鳳花。有紅、白、紫、碧數色。婦女每以花之紅者搗汁染指甲，其子入藥，名急性子。

石榴花，有四季常開者，於夏間既實之後，秋深復花且實，其千葉者尤艷。

草

雁來紅，以雁來時盛。一名老少年。

仙人掌，枝青嫩而扁厚，有刺，人家每植於牆頭，以辟火災。其汁入目，使人失明。

藍草，葉細小，二月種，五月收，邑人取以為靛。

三藾，根似薑而軟脆，性熱，消食，一名山奈。

鮮草果，人多種以為香，蓋杜若，非藥中之草果也。

蒼耳子，俗呼痴頭名，可療瘡毒。

油葱，一名蘆薈。形如水仙葉，葉厚一指，花開如玉簪。從根而生，長尺餘。葉中有膏，婦人每取以澤髮。

木

榕樹，有大葉榕、細葉榕之分。其細葉榕，葉大如麻，實如冬青。樹幹拳曲，不可以為器；燒之無焰，不可以為薪。以其不材，故能久而無傷。其蔭十畝，藤梢入地即生根。或一大株，有根四五處，而橫及鄰樹，即成連理枝。鳥啅其子，墜於他樹即寄生，久而根株蟠固，他樹枯朽，竟成榕樹矣。《嶺南雜記》云："紅梅驛以北，樹無有如榕大者，蔭十餘畝，離奇古怪，備木之異。年久者常結伽南香，焚之致鶴。植於水際，其子可以肥魚。細枝曝乾束為炬，風雨不滅；其鬚製藥，可以固齒；其脂可以貼金接物，頗與漆似。人但知有用之用，而不知無用之用也。"

木棉樹，大可合抱，高十數丈，葉如香樟，花瓣極厚。正二月開，色大紅而蕊黃。開時無葉，子色黑，大如酒杯，老則拆裂，有絮茸茸，土人取以為裀褥。

香樹，邑內多植之。東路出於瀝源、沙螺灣等處為佳；西路出於燕村、李松蓢等處為佳。葉似黃楊，凌寒不落。子如連翹而黑，落地則生，經手摘則否。香氣積久而愈盛。正幹為白木香，出土尺許為香頭，必經十餘載，始鑿如馬牙形，俗呼為牙香。凡種香家，婦女潛取佳者藏之，名女兒香。歲時供神，以此為敬。

竹

竹之類不一，《廣志》云："雲母，大竹也。櫧竹，細而多刺。篦竹，堪作笛。箽竹，宜為屋椽。蔓竹，皮青，內白如雪，軟韌可為索。漢竹，大者節受一斛，小者數升，為椑榼。利竹，蔓生，堅韌。"《嶺南雜記》："笐竹，多刺，土人以為藩籬。大頭竹，可為筏。"他如紫竹、毬竹、鳳尾竹、羅漢竹，同實異名，不可勝數，然非邑中所產，概不附載。

藤

藤之類不一，有黃藤、白藤、沙藤、金剛藤之殊。惟蚺蛇藤，凡遇有蚺蛇之所，即有此藤。捕蛇者以藤圈牽之，蛇不敢強。舍此藤，則不能伏。俗呼為葛藤。

冶葛，毒草也，蔓生，葉如羅勒，光而厚，一名胡蔓藤，即斷腸草。食之能殺人。其葉節節對生如蒟，俗名對面蒟。

鳥

鷓鴣，隨陽鳥也，毛色赤黑而遍斑白點。天寒則口暗，暖則對啼，啼必連轉數音。飛必向南，日在南故也。早晚有霜露則不飛，飛必啣木葉以自蔽，恐霜露霑其背，聲為之啞，故性絕畏霜露。鳴多自呼，曰："行不得也哥哥"，聲尤淒切。

鶉與鷃，其形相似。鷃色黑無斑，始由鼠化，終復為鼠，夏有冬無。鶉毛有斑點，始由蝦蟆、黃魚化，終以卵生，四時常有。今通呼為鵪鶉，性善鬥。

畫眉，產邑之畫眉山，類黃鶯而小，善鳴，好鬥，人多珍之。

兜兜雀，其名自呼，產邑之大奚山中，出則有大風。

豁雞，雞頭鳥喙，尾長下垂，鳴聲豁豁，性嗜蛇，能治骨節折傷。其哺子時，取其雛，折兩足，以蛇飼之，屢折屢復，故有奇驗。

江鷗，在漲海中隨潮上下。常以三月風至，乃還洲嶼，頗知風色。若群飛至岸，必有大風，海船每因此暫泊。

獸

虎，黃色而斑，長嘯風生，百獸震恐，故為山獸之君。邑中諸山往往有之。

猴，乃獮猿之屬，能諳人性，穴處山谷中，千百為群。邑之伶仃山、擔竿山等處所產最繁，俗呼馬騮。

黃麖，即麞，似鹿而小，毛黃黑色，性善驚，觸物則走，飲水見影輒奔。《道書》云：“麞鹿無魂，故動輒憧惶也。”官富、大帽、馬鞍等山皆有之。

地隴豬，似豬而小，藏山麓穴中，夜則食薯芋。獵人捕之，一身皆不能傷，惟在軟嘴處擊之則倒。其肉可益陰虛之症。

山豬，即毫豬。身有棘刺，能振發以射人，頗為禾稼之害，俗名箭豬。

獺，水獸也。一名猵獺。類青狐而小，喙尖足駢，能知水性，高下為穴，善捕魚。獵人於春前捕之，取其皮以為裘。

鱗

海鰍，大者長數十丈，眼大如箕，牡蠣、蚌、螺叢生背上，崷屼如山，一名鯊魚。

鰏魚，大者十餘丈，嘴骨數尺，排齒如鋸，有力善鬥。《廣輿記》名狼藉。諺云：“海鰍雖大鰏魚強。”

鱟魚，重數百斤，嘴如豭喙，脊若鋒刃，有烏白二種，一作鯢。諺曰：“白鯢、烏鯢，不勞頻至，至則有風災。”唐詩云：“江豚吹浪夜還風”，謂此。肉甚腥，不可食。漁人捕之以煎膏，夜照讀而不傷目。

鯧魚，圓頭縮尾，狹鱗扁身，肉厚細嫩，刺與骨皆脆，美味甘平，食之肥健益氣。一名鏡魚，以其形如鏡也。有黑、白二種，白者為良。

鯛魚，大者長二、三尺，身圓皮滑，無鱗骨脆，味甘，肉多脂，性畏薑，若以薑拌，則味失真而臭。

馬鮫，即馬膏鯽也。滑皮、尖嘴、長身、叉尾，以臘月出，至三四月，乃海魚之美者。語云："第一鯧，第二鯛，第三、第四馬膏鯽。"

馬五，一名馬母，似鱸，鱗細而肉頗粗，為馬鮫之次，其甘美在頭。

黃花魚，周身金鱗，頭有石，瑩潔似玉。長尺許，採於大澳海中。自九月至十一月，漁者暮聽其聲，用罟合圍以取，則曰打黃花。色白者名白花，細小者名黃花從，其膠甚美，語曰："黃、白二花，味勝南嘉。"

泥頂魚，大者數百斤，身長，色青黑，皮厚。人取其皮曝乾，烹食甚佳。

石斑魚，身有斑點，其味甚美。又有名秤星者，身紅，滿綴小金星，與泥頂魚俱出海中水深處。

鱭魚，至冬益肥。鱸魚、鱲魚至夏益肥。諺曰："寒鱭熱鱸。"又曰："熱鱲，一以寒而美，一以熱而美。"鱲有數種：白牙、黃腳、赤鱲、黑鱲。以白牙、黃腳為上。鱭，亦有紅、白二種，白者尤美，其子絕佳。

鱣魚，類鱭而小，亦至冬而美。

細鱗魚，似鱲而鱗細，其首尤鮮。

鯀魚，大者重數十斤，以仲春出，望之如黑雲。漁者合圍取之，其下堆積數十百丈。叉一魚，次魚飲其血，復上，復刺，如是相連不斷，故得其一，則源源而來。

鱠白魚，身扁如鱭，色白，鱗軟，產於季春時最盛。

貼沙魚，一名版魚，種類不一。色有青、紅、斑、黑；身有長、短、大、小；鱗有粗、細。細鱗而長大者佳。喜貼沙上，即《爾雅》所謂比目魚也。一名鰈，鹹、淡水皆有之。《吳都賦》云："雙則比目，片則王餘。"內有一種名七日鮮，經數日，其味不變。又一種口偏左，名左口，即地鯆魚也。

鱇魚，大者數百斤，肉頗粗，美在頭、腹、腸、臟。其膠最為堅固，今弓匠用以膠弓。

青衣魚，大十數斤，周身青綠，頭有石。天若大霧，數日即死。皮肉俱美，有雞穀者、有鱧尖者，亦其類也，但頭有紅紋錯采耳。

馬鬃魚，狀如馬鬣，長二、三尺，或五、六尺，扁滑無鱗，一名錫帶。

虎魚，頭生叢刺，猙獰可畏，色黑肉白，皮滑如油，甜美絕倫。

蒲魚，形如荷葉，大者圍數尺，尾長，能螫人。黃色、白肉。尖嘴者佳。昌黎詩云：“蒲魚尾如蛇，口眼不相營。”肉黑者曰燕斗蒲，味不佳。最大者曰角鯩，面生二角，圍約數十丈。牡蠣、蚌、螺雜生其上，鋪水面如島。

鮣魚，口在背上，有紋如方印，平游水中，遇大魚則以印黏頷下，啜其血，至大魚斃而後脫。肉甚佳，然不可常得。

鰻，蟮魚大者，身如椽，長數尺，尖嘴、鋸齒，能噬人。餌取上船，必以刀叉傷之，滑而無鱗。按：蟮之類不一，鯑蟮出泥灘中，黃蟮出坑田中，白蟮出鹹淡水中。此與鰇追、鱔追、骨蟮、鶴蟮、沙蟮等，同出海中。

鯊魚，種類甚夥，有犁頭鯊、斑點鯊、狗螺鯊、齊口鯊、虎鹿鋸鯊，皆背鬣腹翅，肉粗淡無味，美在翅。翅縷縷如金絲，稱珍品焉。大者長丈餘，皮有沙，圓細如珠，可以治木，能發光潤。養子皆胎生，臍有孔，其子朝出口，暮入臍。按：諸鯊惟狗螺鯊性平溫，能歛汗，食之有益；而齊口鯊則兇暴物也。《菽園雜記》云：“海鯊變虎。”張師正《倦遊雜錄》云：“鯊魚斑者化鹿”，是不但化虎也。然新邑罕見之。

飛魚，身小翅長，色淡紅，頭有雙角，每離水而飛。按：《吳都賦》：“文鰩夜飛而觸綸”，即此。夜見漁火，爭投船上，烹之甚美。

河豚，別名鯆魚，有毒在涎與子。產於江河者，皆不盈尺。海中大者，重十餘斤，俗名豬仔鱝。不熟能殺人。入秋佳，多食益胃，暖人。然亦至險，究以不食為宜。

鱸追魚，海產，鱔族也。身赤黑斑點，大者長七、八尺，味甘多脂，較鯢追更勝。

橫攊、青鱗二者，魚之下品也。橫攊來，則海水皆腥，諸魚遠避。夜至處，海水放紅。往來無定，或一罾數萬斤，醃久可食。

海豬、海牛，皆像其形而名，此魚而獸也，邑之海皆有之。

人魚，長六、七尺，體、髮、牝、牡如人，惟背有短鬣，微紅。雄者名海和尚，人首鱉身，足差長，無甲。雌者為海女，能媚人，舶行遇者，必禳解之。諺云：「毋逢海女，毋見人魚。」此蓋魚而妖者。

沙蠶，一名龍腸，形如蚯蚓，長四、五寸，大如指，色淡紅，處沙灘中，味清性寒。

鯢魚，身如革囊，旁有兩翼，頭生八爪，大者長尺許，通體晶瑩如玉，脊骨若玻璃朗澈，肉柔滑甘美。小者名鯢筒，亦名脆筒。

墨魚，狀類鯢魚，身稍短，脊骨硬，有螵蛸，一名烏賊。恒浮水面，鳥見以為死，往喙之，被卷入水。腹中有墨，常吐以隱形。

章魚，足有八，一名章舉。昌黎《南食詩》，其五為〈章舉〉，是也。其差小者俗名鮹。土人以線繫小缶入波中引之。按：章魚亦烏賊之類，身如豬膽，無背骨，正月自食其足，足盡，則腹破子出。

坑蠻，產深潭大溪中，形如鰻鱺，長丈許，遇人輒噬，兇悍異常。夜則上山食草，經過處，草為之偃。土人燃灰，厚布藏利刃於下，遇灰體澀，刃傷其腹而取之，脂膏最多，洵嘉品也。

介

鱟，大者尺餘，如覆箕。甲瑩滑青綠，眼在背，口在腹，足如蟹而多四，尾三稜而多刺。其血碧，子如珠，喜群游，善候風。殼兩截如扇，常張以為帆。雌大雄小，雌負雄於背，雖怒濤不解。取之者，持雄則雌不去，故曰鱟媚，昌黎詩云：「鱟形如惠文，背眼相負行」，是也。出沙江、赤灣洋面者佳。

蟹，族類不一，水鄉皆有。扁大足闊者曰蝤蛑，兩螯無毛，異於常蟹。善候潮，潮來舉二螯，仰而迎；潮退折六足，俯而送。美在螯，甘在膏，膏應月為盈虧。匡初脫，柔如綿絮，通體脂凝，紅黃雜糅，結為石榴子粒，俗名曰膏蟹，海產上品也。小娘蟹惟邑獨有，雙螯長倍於身，甲五色，錯采如錦，味稍遜，邑人賤之。其餘石蟹、竹蟹、毛蟹、扁蟹等，又其次也。

蠔，出合瀾海中及白鶴灘，土人分地種之，曰蠔田。其法燒石令紅，投之海中，蠔輒生石上。或以蠔房投海種之，一房一肉。潮長房開以取食，潮退房闔以自固。殼可砌牆，可燒灰，肉最甘美，曬乾曰蠔豉。

水母，一名蚱，一名石鏡，生海中。其形渾然凝結，腹下有物，如懸絮。有口無目，常有蝦依隨之。見人輒驚，此物亦隨之而沒。郭璞《江賦》云："水母目蝦"，蓋謂此也。每夏月，賈人醃而貨之，名曰海蜇。

蝦類不一，有沙蝦、麻蝦、斑節、金鈎之名。其最大者曰龍蝦，重二三斤，狀如龍，采色鮮耀，味甘稍腥。最美者曰明蝦，其色青，鮮甜居諸錯之上。極少者曰銀蝦，取以造醬，俗名瘢蝦，味殊不惡。

螺，種類亦繁，有沙螺、田螺、丫螺、潺螺、刀蛸螺、指甲螺、青口螺、石頭螺、鸚鵡螺、米仔螺、石竭螺、寄生螺，不一其名。以馬頰柱為上，取柱曬乾，名曰帶子，味甘以柔，海錯中至珍者。次則九孔螺，即石蝮也，殼有九孔，《本草》謂之石決明。邊殼邊肉，肉黏石上，間亦產珠，土人名為鮑魚。又有香螺，味清香可愛，其殼雌雄異聲，可應軍中之用，俗謂之響螺。

海膽，狀圓而扁，圍寸許，周身皆刺。破其殼，內皆紅膏。烹食，甘香異常，醃之亦佳。

海鏡，一名蠔菜，殼兩片，合以成形。腹中有蟹子，其小如豆，而頭足俱備。海鏡飢，蟹子即走出取食，蟹飽歸腹，海鏡亦飽，此即郭璞所謂"璅結腹蟹"者也。其肉名蠣黃，可為醬。其殼圓如鏡，可作明瓦。

蟲

石蜜，蜂屬也。凡深山岩穴，野蜂巢焉。釀蜜無收，草間石罅，泛溢暴露，日久必聚蛇虺之毒。倘或得之，以其甘而過食，必大霍亂而歿。今邑人斫竹為籠，蓄以為業，至四月取其釀，曰百花糖。《瓊州志》云：「蜂有八種，惟蜜有君臣之義，作蜜益人。」外此排蜂、黑蜂、黃蜂、道壁蜂、青育蜂，實聚毒螫人而已。

蚺蛇，大者能吞鹿食人，遇女人，雖遠必追。其肉可食，其皮可備鼓鞲之用，其膽為跌打妙藥，有起死回生之力。其膽有二，一隨所擊處，皮肉蹙縮成泡而血凝者，護身膽也，功力比真膽大減。人多以此亂真，蓋真膽在腹。

按：邑屬山海錯雜之區，物產甚繁，其耳目所習見者，概不登載。

（嘉慶《新安縣志》卷三〈輿地略・物產〉）

災異

明

嘉靖五年，春二月，大電雨。

二十五年，夏五月，潦潮大溢。

四十四年，夏四月，大旱，斗米銀一錢零。

隆慶元年，冬十二月初一日，地震。

萬曆六年，彗星見。

十一年，夏、秋，大旱。

二十四年，大旱，斗米銀一錢六分。

二十五年，黑眚見。

三十一年，秋八月二十二日，地震。

三十三年，秋八月初三日，地震。

四十六年，秋九月，彗星見於東方。

四十八年，夏六月十七日，地震。

天啟四年，夏四月，米貴，斗米銀一錢五分。

崇禎二年，牡蠣血，民不敢採食。是年疫厲〔癘〕，損民甚多。

三年，春三月，黑眚見，形如黑犬，迷婦人。知縣陳穀為文，禱於城隍神，怪乃滅。

四年，夏四月，米貴，斗米銀一錢六分。

九年，夏四、五月，旱，斗米銀一錢六分。縣發粟賑饑。

十六年，四月二十四日，颶風作，大雨拔木、毀屋、覆舟甚多。

國朝

〔順治〕五年，戊子，大饑，斗米銀一兩二錢，人多饑死，間有割屍充腹者。男女一口易米一斗。又值大疫，盜賊竊發，民之死亡過半，有一鄉而無一人存者。

十年，癸巳，復饑，斗米銀八錢，人多餓死。

十二年，冬十月二十四日，大雨雹，屋瓦破毀，人被傷擊。

十七年，十一月初八日，雷電作，連雨七日夜乃止。

康熙元年，潮大溢。是年移村。

三年，二月，彗星見於西南。是年春夏旱。

四年，二月初二日，日側有白氣數圈，逾時乃散。

五年，十月二十四，彗星見於東南，長數丈，如虹。

八年，正月，潮大溢，如元年。是年復村。七月一日，有三龍，二白一黑，自西邊海起飛，至城南而去，民房椽瓦捲去甚多。八月二十六日，颶風大作，民復鄉初歸，新蓋房屋盡被吹毀。

十二年，五月二十一日，颶風作，海潮大溢，沒屋浸禾。知縣李可成為文祭之。見〈藝文〉

十九年，多虎，傷人甚眾，年餘乃止。七月，彗星見於西方，數月乃滅。

四十七年，大饑。

乾隆二十二年，正月十五夜，霜厚尺許。是年米貴。

二十五年，八月初九日，颶風。

二十六年，八月初十日，颶風。

三十三年，五月初七至十三，連日大雨如注。

三十五年，閏五月，大雨。七月十三日，地震。

三十七年，狼、虎成群，傷人甚多。

四十二、三兩年，大旱，米貴，人多餓死。

五十一年，蝗食稻。秋冬旱，大饑。

五十二年，又大旱，斗米洋銀一員，人多餓死。

五十三年，二月，雨雹。

五十六年，颶風屢作。

嘉慶二年，閏六月，颶風一連四作，拔木倒屋甚多。

六年，二月初五夜，星入月中，復出。

七年，三月初三日己刻，白虹貫日。

九年，正、二月，連雨，鹽大貴，每百斤洋銀十二員。

十二年，二月初七日，日有白暈。初十、十一等日，九龍、蠔涌一帶雨雹，牛畜多被擊死。

十六年，八月望夜，彗星見乾戌方，十月中旬始滅。

十七年，邑東路蝗食稻。

十九年，八月雨雹。十月大雨。

（嘉慶《新安縣志》卷十三〈防省志・災異〉）

三、經濟

田賦、鹽課、魚課

官租　附

陳悅華、周敬和領耕土名竹角、茅筥、徑口，八十五坵，稅二十畝零九分七釐。每畝歲供租銀八錢，共銀一十六兩七錢七分六釐。

陳日輝、郎容保領耕土名大灣山頂，一十一坵，稅一畝五分。又土名白角山頂六坵，稅二分九釐，每畝歲供租銀八錢，共銀一兩四錢三分二釐。乾隆二十六年報免稅二分九釐，實存一畝五分，納租銀一兩二錢。

陳悅興領耕土名大塘，二十四坵，稅二畝一分，每畝歲輸租銀八錢，共銀一兩六錢八分。

葉貴長、吳亞晚、吳二福、徐集和領耕土名石排灣，一百一十坵，稅二十五畝七分四釐，每畝歲納租銀八錢，共銀二十兩零五錢九分二釐。

周丁保領耕土名薄寮，稅一畝五分六釐，每畝歲納租銀八錢，共銀一兩二錢四分八釐。

已上共租銀四十一兩四錢九分六釐。查本案始於乾隆九年七月，內據陳恩尚、葉士奇、姚家球具控，土名薄寮田地，行委官富司勘丈，造冊詳覆，經知縣汪審斷，除姚家球報升二十四畝七分六釐給照管業外，尚餘已報未升之田，撥歸本邑書院師生膏火。

李子明領耕土名平洲，稅四頃四十一畝，每畝歲納租錢三十六文，共租銀一十五千八百七十六文。

袁尚廉領耕土名平洲，稅一十三畝八分，每畝歲納租錢三十六文，共租錢四百九十七文。

二共租錢一十六千三百七十三文。查本案李子明與袁土養控爭該處地段，經知縣沈、汪、嚴審斷，丈得該處共稅四頃八十三畝，除斷回二十八畝二分，抵補袁土養虛糧上中米三斗五升七合外，尚餘稅四頃五十四畝八分，詳請撥充本邑書院師生膏火。

（嘉慶《新安縣志》卷八〈經政略・田賦〉）

鹽政　埠銷附

明洪武二年，設廣東、海北二提舉司。廣東鹽課提司領十二場，在縣境者，舊有四場，曰東莞、曰歸德、曰黃田、曰官富。迨元，改官富為巡司，其鹽課冊籍，附入黃田場。明嘉靖二十一年，又裁革黃田場，附入東莞場。縣止東莞、歸德二場，隸於廣東鹽課提舉司。

（嘉慶《新安縣志》卷八〈經政略・鹽課〉）

魚課

疍戶事宜：有長尾繒、拖罟罾、蝦籃等戶。其戶納米多寡不同，但有徵米，每石折銀三錢零；無徵米，一錢八分零。

原額有徵、無徵米一千零四十五石四斗一升三合。歲辦有徵、無徵并水腳，共銀二百五十九兩五錢八分二釐七毫。內連閏，如無閏，扣減。

比付鈔并水腳，共銀七錢四分四釐六毫。

魚油料銀，連閏、水腳，共銀九兩四錢八分四釐六毫。

按：民瘼而危，莫漁疍為甚。或扁舟一葉，或枯竹數根，破浪衝濤，與陽侯爭旦夕之命。每見颶風倏作，則哭婦沿濱。夫處至危至險之地，求不可必得之魚，以供不能蠲免之課。短課無蠲免，而丁有逃亡。言之可為寒心。乃近來海面一帶，半為奸人投獻之資。古王政，澤梁無禁，今豪右之勢，間諸海濱矣。如分流湖一海，乃新安諸水瀦匯之區。秋杪，邑民採捕黃花魚，以為完課糊口之需。而異豪謀出海稅，欲攘而有之；且瞞控當道，指使衙官，以刑威逼劫之。知縣周希曜嚴禁侵奪，將投獻者，逕置之法。海濱之民得以守嘗利矣。（舊志）

國朝自康熙元年海禁，蜑民不敢出海，前項魚課米無徵。

康熙二十四年，撤海禁。知縣安定枚招復魚課米九百四十一石二斗五升。

（康熙《新安縣志》卷六〈田賦志・魚課〉）

墟市

大橋墩墟 _{附峰圓葂}

大步頭墟

（康熙《新安縣志》卷三〈地理志・墟市〉）

圓朗墟 _{即舊志大橋墩墟}

石湖墟 _{舊志天岡，今移石湖。}

大步墟

長洲墟 _{新增}

（嘉慶《新安縣志》卷二〈輿地略・墟市〉）

津梁

津

烏石渡

新田渡

烏溪沙渡

麻雀嶺渡

沙岡渡　鄧洪惠稅渡

白石渡　同黃岡渡

黃岡渡　鄧洪儀稅渡

羅湖渡

以上橫水渡

（康熙《新安縣志》卷三〈地理志〉）

沙岡渡，自沙岡往灣下後海渡一隻，原承餉銀六錢。鄧洪惠承稅渡

屯門渡，自屯門往大奚山白芒渡一隻，原承餉銀六錢。

瀝源渡，自瀝源往大步頭渡一隻，原承餉銀四錢。

烏溪沙渡，自烏溪沙往大步頭渡一隻，原承餉銀四錢。

白芒渡，自大奚山白芒往元朗渡一隻，原承餉銀七錢五分。

白石渡　舊志載鄧洪儀承稅渡

黃岡渡　舊志載鄧洪儀承稅渡

烏石渡

新田渡

麻雀嶺渡

羅湖渡

（嘉慶《新安縣志》卷七〈建置略〉）

梁

塘坑橋，在六都大步逕下。

石陂頭橋，在上水石陂下，康熙五十一年庠生廖幹仲建。

東興橋，在上水沙塘陂下，乾隆十三年建。

蓮塘橋，在上水村右，通沙塘陂，水灌田。

黃泥窩嘴橋，在松柏萌村北。

吉慶橋，在羅坑之右，乾隆丁亥年，廖蘊璞、監生廖尚德建。

臥波橋，在五都水牛嶺下，長石三架，乾隆五十九年，屏山貢生鄧芝蘭、監生鄧豹變建。

屏山涌橋，在屏山村側。

高步橋，在錦田之南，康熙年間，鄉人建。

敬母橋，在錦田村後，康熙四十九年，鄧俊元建。

（嘉慶《新安縣志》卷七〈建置略〉）

四、軍事

兵 制

兵壯

明福永、官富二巡司，每司原設弓兵五十名。因例裁革，福永司編弓兵一十二名，官富司編弓兵三十名。萬曆十五年，另議詳允，於官富撥四名，湊福永一十六名。續又議允，每司各編弓兵一十二名，打手一十三名。

國朝以來，前項兩司弓兵，並未設復。

論曰：兵之為制，代有變更，要期以衛吾民而已。邑為省會門戶，向者陸有營，水有寨，各分汛守。而又設游司，犄角互援，屹然雄鎮。

國朝禁海而展界，復密為設防，亦既可以保障無虞矣。然而遠方稍有草竊之奸，邑為飄航所必至之區，雖有巡海之船不時而至，但無定汛，恐卒爾之徹，保無蹂躪於防兵不至之地乎？誠恐汛守之船，未可遽為沒湮也，是亦在當事加之意矣。

（康熙《新安縣志》卷八〈兵刑志·兵壯〉）

明洪武初，朱亮祖平定廣東，遂命鎮守建置諸衛所，分布要害。十七年，指揮花茂上言，復設沿海諸衛所，分築墩台，屯種荒田，且耕且守，以備倭寇，而軍制特詳。

東莞守禦所，在縣治城中，隸南海衛，官八員，旗軍三百八十八名。

大鵬守禦所，在縣治東北，隸南海衛，官三員，旗軍一百三十三名。

國朝罷衛軍，統歸營制。

新安營，自明設參將一員，守備一員，千總一員，把總二員。萬曆十四年，以總兵移鎮南頭，因裁參將。十八年，罷移鎮，復設參將。

國朝順治初，裁去參將，專設城守守備一員，千總一員，把總二員。康熙三年，添設遊擊一員，改城守為中軍守備。額設左、右哨千總二員，左、右哨把總四員。四年，奉旨，總兵移鎮邑城。七年，復罷鎮。乾隆二十二年，總督楊應琚奏：以左翼鎮駐紮虎門，為外海水師。本營改為左翼鎮標左營。嘉慶十六年，奉旨，粵東添設水師提督一員，駐紮虎門；移左翼鎮駐陽江。本營復改提標水師左營，駐防新安。

本營官，現設遊擊一員，中軍守備一員，左、右哨千總二員，左、右哨把總四員，外委五員俱駐紮新安縣城

本營兵，原額戰守共兵五百名。康熙三年，立邊界，增兵五百名。二十一年，奉文裁汰，尚存戰守兵七百零八名。二十三年，尋復裁汰，實存馬步共兵六百七十名，戰馬六十七匹。雍正七年，撥虎門協戰守兵入本營，添防營汛。乾隆二十二年，續撥戰守兵入本營，充額湊上，共兵八百四十六名；裁汰戰馬三十四匹，尚存三十三匹。至嘉慶十六年，奉旨添兵一百五十四名，連外委本身馬糧五名在內，現額戰守共兵一千名足內馬兵二十名，步戰兵二百九十三名，守兵六百八十二名。戰馬現額二十五匹。

本營官兵，週歲共需俸餉銀一萬三千九百四十六兩四錢七分四釐，糧科共米三千六百四十二石九斗一升，草一萬五千一百八十二束。

（嘉慶《新安縣志》卷十一〈經政略・兵制〉）

軍事機構

營汛

九龍汛　　大嶼山汛

鹽田汛　　上峝塘汛

關湖塘汛　下沙塘汛

老大鵬汛　紅香爐汛

東涌口汛

水陸塘汛共九處

（嘉慶《新安縣志》卷十一〈經政略‧兵制〉）

軍事設施

墩堡

康熙七年，奉特大人暨提督親行踏勘展界，新安沿邊奉設墩台二十一座。

……

續奉文行查，將不甚緊要之台，改作瞭望台。

新安營汛地，實造墩台八座。

碧頭墩台一座，安兵三十名。

茅洲墩台一座，安兵三十名。

嘴頭角墩一座，安兵三十名。

鰲灣角墩台一座，安兵三十名。

屯門墩台一座，設千總一員，安兵五十名。

九龍墩台一座，安兵三十名。

大埔頭墩台一座，安兵三十名。

麻雀嶺墩台一座，設把總一員，安兵五十名。

其南山、聖山、大軍營、佛堂門、黃竹角五座，俱改作瞭望台。每台設兵十名。

……

康熙二十一年，奉文裁兵。今設定官兵，分防東西路台寨汛塘。

東路：

屯門寨千總一員，安兵三十名。

聖山台，瞭望兵五名。

輞井汛，安兵二十名。

大軍營台，瞭望兵五名。

北佛堂台，把總一員，安兵三十名。

九隆汛，安兵十名。

大埔頭汛，安兵十名。

麻雀嶺汛，把總一員，安兵二十名。

（康熙《新安縣志》卷八〈兵刑志·墩堡〉）

墩台

碧頭墩台 東莞交界　　　　嘴頭角墩台 改汛房 外委一員

茅洲墩台 把總一員　　　　大埗頭墩台 改汛房

屯門墩台 改汛房 把總一員　麻雀嶺墩台 今廢

鰲灣角墩台 改汛房 外委一員　九龍墩台 今屬大鵬管轄

塘房

栗木岡塘房　　　　　　周家村塘房

白沙塘房 即息民亭塘　　流塘塘房

白石塘房　　　　　　　龍塘塘房

麻雀嶺塘房 改汛房 外委一員

塘房每座設兵四名。

營盤

輞井營盤 改汛房　　　蓮花逕營盤 千總一員

苦草峒營盤 改汛房　　飛鵝莆營盤

佛子凹營盤 改汛房　　水逕頭營盤 已廢

汛房

橫洲汛　官涌汛

焦逕汛　城門凹汛 外委一員

石園塘汛　深圳汛 把總一員

新安縣民壯二十五名。

每巡檢司弓兵二名。

砲台

大嶼山砲台 此台孤懸海中　　沱濘山砲台 此台亦孤懸海中

九龍砲台

防所大、小生鐵砲六十八位，大、小熟鐵砲一百位。

（嘉慶《新安縣志》卷十一〈經政略・兵制〉）

海防

　　夫軍政莫急於邊防，而邊防莫重於海徼。縣治面俯大洋，如急水、佛堂、獨鰲、小三門、大嶼山諸隘，皆出海所必經也。其東則屯門、輞井；其西則鰲灣、茅洲。而南頭一寨，則為虎門之外衛，即為省會之屏藩，尤為扼要。至大鵬所，則毗連平海，防禦惠潮，亦重鎮也。我朝德威遠播，島夷率服。然慎封守，重海疆，自古迄今，莫之或易也。志海防。

防海形勢

　　南頭一寨，原轄汛地六處，曰佛堂門、曰龍船灣、曰洛格、曰大澳、曰浪淘灣、曰浪白。明萬曆十四年，總督吳、御史汪會題：南頭為全廣門戶，控制蠻倭，請以總兵移鎮。蓋番船固可直達澳門，而由澳門至省，則水淺不能行，必須由大嶼山，經南頭，直入虎頭門，以抵於珠江。此南頭所以為全廣門戶也。正德年間，番彝佛朗機入寇，佔據屯門，海道汪鋐平之。厥後，隆慶三年，海賊曾一本入寇。四年，倭寇流劫鄉村。萬曆年間，老萬山賊肆劫。崇禎年間，艚賊李魁奇、劉香等相繼入寇，雖屢經剿滅，而南頭之守禦尤嚴。

　　國朝康熙年間，亦以海氛未靖，故有遷界之舉。自復界後，海宇敉寧，而設險更為周密。雖今之汛地及設兵，皆與舊制不同。而大嶼山雞翼角砲台，南頭砲台，赤灣左、右砲台，最為險要。

　　　　　　　　　（嘉慶《新安縣志》卷十二〈海防略‧防海形勢〉）

〔明〕應檟《蒼梧總督軍門志》中的香港海防形勢

屯田

各屯編列

廣前衛屯：譚那、清湖、白沙、黃崗、葵浦、新村、泉峒、梅林、滑橋、屯門、白凹、大小二焦、水斗。

廣後衛屯：小大焦、梅蔚、官富。

（嘉慶《新安縣志》卷十一〈經政略・屯田沿革〉）

五、社會與文化

人口

康熙十一年，招復遷移人丁一百九十二。

康熙十二年，招復遷移人丁二百三十五。

康熙十三年，招復遷移人丁二十五。

康熙十七年，招復遷移人丁一十七。

康熙十八年，招復遷移人丁五十九。

康熙十九年，招復遷移人丁二十。

康熙二十年，新增人丁五丁；食鹽課銀口八十四。

康熙二十年屆。

丁四千五百二十五，內自十二年起至二十年止，招復遷移及新增人丁共五百二十六；食鹽課銀口一千五百八十五。又二十年，招復遷移人丁共一百六十五。

康熙二十一年，招復遷移人丁三丁。

康熙二十三年，招復遷移人丁一百三十四。

康熙二十四年，招復遷移人丁一百零七。

（康熙《新安縣志》卷六〈田賦志·戶口〉）

明

萬曆元年，原額七千六百零八戶，男女三萬三千九百七十一口。

萬曆十年編審：七千七百五十二戶，男女三萬四千五百二十口。內男一萬九千六百二十七丁，女一萬四千八百八十三口。

萬曆二十一年屆編審：七千七百五十二戶，男女一萬三千二百零二口。

萬曆三十一年屆編審：三千五百七十二戶，男女一萬六千六百七十五口。

萬曆四十一年屆編審：三千五百戶，男女一萬六千六百九十六口。

天啟二年屆編審：三千五百戶，男女一萬六千二百四十八口。

崇禎五年屆編審：三千四百九十一戶，男女一萬六千九百九十二口。

崇禎十五年屆編審：三千五百八十九戶，男女一萬七千八百七十一口。

國朝

順治　年編審：二千九百六十六戶，男女六千八百五十一口，男五千五百六十七丁，女一千二百八十四口。

康熙元年、三年，兩奉遷析，尚存人丁二千一百七十二口。

康熙六年屆編審：男二千二百五十五丁，女一千四百一十二口。

康熙十一年屆編審：男女三千九百七十二口。八、九、十，此三年招復遷移人丁一千六百四十八丁，食鹽課銀口一千五百零一口。

康熙十二年至二十四年屆編審：男女四千五百二十五丁口，招復遷移及新增人丁九百五十七丁，食鹽課銀口一千五百八十五口。

康熙二十五年至五十年屆編審：新增男三百零三丁，女三百五十九口。

康熙五十二年，欽奉恩詔：嗣後續生人丁，永不加賦。

康熙五十五年、六十年及雍正四年屆編審：新增補額優免人丁一十一丁。

雍正九年屆編審：新增復回人丁五丁。

康熙二十五年至雍正九年，原額連新增抵補優免人丁，並各年屆新增男女，共七千二百八十九丁口。內男五千三百三十二丁，女一千二百八十四口，新增補額優免一十一丁，各屆新增男丁三百零三，女口三百五十九。

乾隆元年至二十六年屆編審：新增盛世滋生人丁二千八百五十五丁，食鹽課口七百三十口。內除乾隆六年至二十六年屆審，缺丁二百零八丁，食鹽課口一十口。又乾隆三十一年屆，缺丁七十五丁外，尚實滋生人丁二千五百七十二丁，食鹽課口七百零二十口。欽奉恩詔，永不加賦。

乾隆三十一年屆編審：新增盛世滋生人丁四百零七丁。內除乾隆三十六年屆審，缺丁八十八丁外，尚實滋生人丁三百一十九丁。欽奉恩詔，永不加賦。

乾隆三十六年屆編審：新增盛世滋生人丁四百零二丁。欽奉恩詔，永不加賦。

裁併東莞所屯丁四十六丁八分。

乾隆三十七年起，奉行停止編審滋生人丁口數目，未奉列入全書，止於遞年，另冊造報。

乾隆三十七年，原報民竈男女三萬零三百七十三。內民竈男丁二萬一千一百二十一，民竈女口九千二百五十二。屯戶丁口一千八百二十一。男一千三百五十六，女四百六十五。

乾隆三十八年至嘉慶二十三年，除開除外，實滋生民竈丁口連原報，共二十二萬五千九百七十九，內男丁一十四萬六千九百二十二，女口七萬九千零五十七。屯戶丁口共一萬三千一百三十六。內男丁八千二百九十八，女口四千八百三十八。

（嘉慶《新安縣志》卷八〈經政略·戶口〉）

風俗

移風易俗，雖由主教；而剛柔異尚，因乎土習。故紀風俗者，繫於地志焉。

士勵學術而謹仕進，其彈冠膺職者，代多賢聲焉。民多農桑而後商賈，凡各市肆貿易，係異邑人。

邑尚樸誠，不好文飾，少為僧道，少學工匠。

器用取渾堅，不尚淫巧。

房屋多土牆，但蔽風雨，不尚黝堊。

嫁娶重門地，極貧不與賤者為婚。

農人種田，一年兩收。六月收早禾，為小造。收訖再插秧，故此時農忙。立秋前五日後五日，朝種而暮青。

山人不通官語，官府召訊，必令衙役答話。

婚姻必以檳榔。

尚巫，病多祈禱，間用艾灸，少用藥劑。

衣服多用麻絮，少羅綺。

賓客往來，多以白酒為禮。

婦女通問，每以麻茶相饋。

喪葬間用鼓樂，弔客或待酒席，主人不與。

元旦天明禮神，遍拜尊長親友，謂之拜年。自後連日相宴，謂之飲年酒。

立春前期一日，有司以春牛、芒神迎於南山下。次早鞭春，民間以是日有事於祖祠。

元宵，張燈作樂。凡先年生男者，以是晚慶燈。

十九日，名天機，二十日名籍敗。鄉人作紙船送耗到門，主人以蘇豆置船中，送於郊外。船去，則以桃枝掛大蒜於門，以辟邪鬼。

二十日，各家以紙寶向外化之，為送窮。

二月社日，鄉人烹豚釃酒祭社神，以祈有年。

三月清明，有事於先塋。

五月端午，釀角黍，縛艾虎，製龍舟競渡。

夏至，屠狗，食荔枝，解瘧。

七月七日，曝書帙、衣服。是日雞唱時，兒女早起焚香，於天街前乞巧。

十四日，為盂蘭會，化衣以祀其先者，必宰鴨為敬云。

八月中秋，具酒賞月食芋。

九月重陽，祭墓，登高，放紙鷂。

十一月冬至，有事於家祠，必宰鴨為敬云。

十二月二十四日，為小年，晚祭竈。除夕，先洗澡，換桃符，貼金錢，燃燈，燒爆竹，為酒以守歲。

論曰：習俗移人，賢者不免。故孔氏有阼階之立，獵較之行，非不欲盡矯俗而軌於正也。苟無傷於大義，則純儉之眾，亦若可從。他如上巳修禊，重九落帽，前哲何嘗諱焉。邑自晉永嘉之際，中州人士避地嶺表，多留茲土。禮義之漸，所由來矣。其樸拙成風，巧飾不習，雖未盡出於正，而亦不可謂非忠厚之遺也。獨是鼓樂送葬，宴飲弔客，崇尚師巫，此陋習之因仍。而又或者乘喪嫁娶，則近於蔑禮傷俗，宜革而化之，統在良司牧耳。

（康熙《新安縣志》卷三〈地理志‧風俗〉）

自永嘉之際，中州人士避地嶺表，茲邑禮義之漸所由來矣。其樸拙成風，巧飾不習，雖未盡出於正，不可謂非忠厚之遺也。

士勵學術而謹仕進，其彈冠膺職者，代有賢聲焉。民多重農桑而後商賈。農人種田，一年兩收。器用取渾堅，不事淫巧。

房屋多土牆，但蔽風雨。今尚黝堊，砌以磚石。

嫁娶重門地，至貧不與賤者為婚。

邑中舊族，祠有祭田。歲或一祭、二祭。有贍學以給子孫之為諸生者；有卷資以給童試者；有路費以贈公車者。歲饑則散錢穀以周貧乏。惟子孫犯規及為公役者，不得入祠，猶為近古。

婚姻必以檳榔、蔞葉、茶果之屬，曰過禮。不親迎，昏夕即廟見。

嫁女不以粧奩相誇耀，猶尚糖梅。親友造新婚家，索飲，曰打糖梅。其家速客，曰梅酌。

俗尚巫信鬼。凡有病，或使嫗持衣燎火而招於門，或延道家逐鬼，角聲嗚嗚然，至宵達旦。諺云："禾黃鬼出，鬼猶求食。"其氣焰以取之也。

稱壽必自六十一始，重一不重十。即魏叔子"大易貞元"之義也。

立春前期一日，有司以土牛、芒神，迎於南山下。次早鞭春。民間以是日有事於祖祠。元宵張燈作樂，凡先年生男者，以是晚慶燈。正月望後四日，俗謂天穿日。土人作餺飥，以針線縫其上，禱於天，謂之補天穿。七月十四日及冬至日祀祖，必以宰鴨為敬。重陽掃墓，與清明同。餘節大略與荊楚歲時無異。

邑地濱海，民多以業漁為主。其務農者，亦能勤力作。惟地連東、歸二邑，流土雜居，或田遠不得耕，輒為佃所據，至有賤售其業者。抑強扶弱，恃在有司。謹記之，以備觀覽焉。

（嘉慶《新安縣志》卷二〈輿地略・風俗〉）

教育

廩增及入學額數

廩額二十名，增額二十名，歲科試各入學八名；武歲試入學八名；文，府學歷撥一、二名；武，府學歷撥三、四名。

康熙三年，裁八股，以論策取士，裁各學教諭。

康熙八年，復用八股，復歲貢。先時以貢途冗滯，遂停歲貢，至是復之。

康熙十一年，詔選各學優等生員一人，入監讀書。

康熙十七年，復各學教諭。

康熙二十七年，詔嗣後歲貢，免赴京廷試。

康熙二十九年，詔府縣各學設樂器。

康熙四十二年，改提學道為提學院。

康熙五十五年，詔歲科兩試，俱取一名入府學。

康熙五十九年，令武職許入文廟，與文官一例行禮。

雍正元年，命學臣試武較射，會同武職。命加文廟祭品。詔改啟聖祠為崇聖祠，舉行鄉飲酒禮。

雍正二年，詔建忠孝節義祠，命學臣報優劣。

雍正三年，詔封關帝三代公爵，春秋致祭。歲科試大學加五名，中學加三名，小學加二名。

雍正四年，詔避孔子聖諱。

雍正五年，詔居家孝友，行止端方，才可辦事，而文亦可觀者，一學各舉一人；命建先農壇，舉行耕耤田禮。

雍正六年，命直省拔貢，六年舉行一次。

雍正七年，設觀風整俗使，每省一員；給各官養廉；設約正，於各鄉貢舉生員內選拔，歲予銀六兩；增設學正一員，一巡嶺東，一巡嶺西。

雍正八年，頒發聖祖仁皇帝《御纂性理精義》、《詩經傳說類纂》、《春秋傳說類纂》，刊布學宮。

雍正十三年，准從前考進別籍貢監，呈首改歸本籍。

乾隆元年，詔開博學鴻詞科，給各學教職全俸。

乾隆二年，詔歲科，大學加七名，中學加五名，小學加三名。

乾隆七年，更定選拔之期為十二年。

乾隆九年，議准廣東中式舉人七十九名，每舉人一名，錄科六十名。

乾隆十一年，禁革應試童生卷價。諭學政：考試卷價，自雍正十一年，經部議定，每本價值三分，令提調自行辦置。嗣後童生，府、州、縣以及院試卷價，令依部例。

乾隆十二年，定學臣考試，先文後武。廣東鄉試，減舉人七名，鄉試副榜一名，加取科舉三十名。

乾隆十四年，詔舉經學，不拘進士、舉人、諸生，以及退休閒廢人員，俱薦舉送部。

客籍學額

歲試取進文學二名，武學二名，科試取進文學二名。

按：新安自復界以來，土廣人稀，奉文招墾軍田。客民或由江西、福建，或由本省惠、潮、嘉等處，陸續來新，承墾軍田，並置民業。自康熙五十五年奉例開設軍籍文、武學額各二名，至雍正十三年裁併，軍民通考。迨嘉慶七年，奉旨另設客籍學額，歲試取進文武各二名，科試取進文學二名，撥入廣州府學。每逢考試，照衛學、苗學之例，准其自相保結。俟有取進生員後，即令各自認保。其廩增、貢額，即與各縣學撥府生員一體合考，憑文取錄，補廩挨貢，不必另添。廩增各缺，亦不必另定出貢年分。其捐納貢、監職員者，亦令註明客籍字樣，以免牽混等因，各在案。

學田租項　附

一、土名閂門洛中心圍、勒馬洲圍田，共稅七十五畝。遞年閂門洛中心圍租穀二十七石。萬曆四十四年，知縣王廷鉞申詳，林禹、黃志正二人自願捐入學中公用，經學道張邦翼批允入學，及獎賞林禹、黃志正。舊志

今新田村，土名閂門洛中心圍、勒馬洲水圳、魚塘等處，遞年租穀三十一石。

員岡鄉遞年租銀一兩。

上村鄉遞年租銀一兩。

小坑鄉遞年租銀一兩。

田畝租項　附

一、徵收薄寮租銀四十一兩四錢九分。

（嘉慶《新安縣志》卷九〈經政略・學制〉）

名勝古蹟

五、社會與文化

　　夫名山大川，一經前人遊覽，往往形諸歌詠，此地以人傳也。邑中風景，其最著者如杯渡高峰、赤灣勝概，每令人低徊不能去。而且追官富之遺墟，弔伶仃之忠魄，不禁感慨欷歔，悄然而悲矣。極之一邱一壑，一台一榭，考焉必詳。至於名人之塚墓，不使湮沒於荒煙蔓草之間，而蕭寺禪林，概從搜輯，亦以備觀覽之一助焉。志勝蹟。

（嘉慶《新安縣志》卷十八〈勝蹟略〉）

　　景炎行宮，在梅蔚山，宋景炎二年，帝舟抵此，作行宮居焉。

　　官富駐蹕，《宋行朝錄》："丁丑年四月，帝舟次於此，即其地營宮殿，故址猶存。"

　　杯渡石柱，在杯渡山之麓，瀕海有二石柱，隔四十步，高五丈，今半折。郡志謂"昔鯨入海，觸折"云。

　　杯渡石像，在半山石岩內，深三尺，闊二丈，中有石台，像設其上，約高五尺六寸。又有吊鐘，兩樹交枝懸之。

　　屯門鎮，郡志云："大寶元年春，於寶安縣置屯門鎮。"

　　石壁畫龍，在佛堂門，有龍形刻於石之側。

八景 [1]

　　杯渡仙蹤，見杯渡山。

1　新安縣八景中有"杯渡仙蹤"及"鰲洋甘瀑"在今香港範圍。

赤灣勝概，在南山之南，勢聳麗，開展兩翼，盤護蔥鬱。天妃宮殿焉，前居海洪濤萬頃，一望無際。零丁數峰，壁立海中，為之屏案，海外奇觀也。天妃神甚靈應，船經此，必禱祀之。

梧嶺天池，在六都梧桐山旁，產龍蔥竹、龍鬚草。相傳有綠毛龜，但少見之。

參山喬木，見前。

盧山桃李，在七都盧山中，有桃李數株。入山，啖之則可，懷之則迷路。

龍穴樓台，在三都海中，見龍穴洲。

鰲洋甘瀑，在七都大洋中，有石高十丈，四面鹹潮，中有甘泉，瀑若自天而下。

玉勒溫泉，在三都。

丘墓

宋鄧符墓，在橫洲丫髻山。

耿榮祿墓，在官富山，碑刻"耿氏榮祿墓"五字。

金夫人墓，在耿墓側。相傳慈元后女晉國公主溺死，鑄金身以葬，鎔鐵錮之。

鄧孝子墓，在大步墟。

（康熙《新安縣志》卷三〈地理志・古蹟〉）

古蹟

媚川都，在城南大步海，南漢時採珠於此。後遂相沿，重為民害。邑人張維寅上書罷之。

景炎行宮，在梅蔚山。宋景炎二年，帝舟抵此，作行宮居焉。

官富駐蹕，《宋行朝錄》："丁丑年四月，帝舟次於此，即其地營宮殿。"基址、柱石猶存，今土人將其址改建北帝廟。

宋王台，在官富之東，有盤石，方平數丈。昔帝昺駐蹕於此。台側巨石舊有"宋王台"三字。

望夫石，在瀝源海濱，背一小石，形如襁兒。

杯渡山，海上勝境也。昔宋杯渡禪師住錫於此，因名。山麓石柱二，相距四十步，高五丈，今半折。府志謂："昔鯨入海，觸折。"山腰為杯渡寺，前有虎跑泉，其左則鹿湖、桃花澗、滴水岩、瑞應岩、鶯哥石。後有石佛岩，杯渡石像在焉。佛座後有洞，深不可測。有吊鐘樹兩株，環抱岩上，古木千章，鬱然蒼秀。又有蘭花徑，香氣四時不斷。山之巔鐫"高山第一"四字，舊傳為韓愈題。前俯大洋，海水汩沒，杳溟無際，而山中林泉之勝，又覺別有天地矣。

鰲洋甘瀑，在七都大洋中，有石高十丈，四面鹹潮，中有甘泉，飛瀑若自天而下。

（嘉慶《新安縣志》卷十八〈勝蹟略‧古蹟〉）

寺觀

靈渡寺，在縣南三十餘里靈渡山。

杯渡庵，在杯渡山瑞應岩上。

慧善庵，在杯渡山瑞應岩上，今圮。

長春庵，在黎洞逕。

（嘉慶《新安縣志》卷十八〈勝蹟略‧寺觀〉）

寺廟

觀音廟，在大帽山下，觀音山之麓。明東莞鍾成宇住此。宇遇有遠行，輒計日糧多寡，一湌食之，行後不食，俟歸方食。其待雞犬亦如是，人奇其有道風云。

（康熙《新安縣志》卷十三〈雜志‧寺廟〉）

壇廟

鄧孝子祠，在邑五都大步墟側，祀明孝子鄧思孟。萬曆乙未年建，今圯。

王巡撫祠，祀國朝廣東巡撫王來任。一在西鄉，一在沙頭墟，一在石湖墟。王巡撫奏請展界疏，見《藝文》。

沙岡古廟，祀天后，在沙岡海岸邊。廟前舊置有餉渡。

（嘉慶《新安縣志》卷七〈建置略·壇廟〉）

坊表

"貞秀之門"，在上水村，為監生廖定邦妻李氏立。

"勁節松筠"，在屏山村，為鄧光客妻立。

（嘉慶《新安縣志》卷七〈建置略·坊表〉）

寇盜

明

正德十一年，番彝佛朗機入寇，佔據屯門海澳。海道汪鋐討之。

天啟三年，紅毛彝蘭入大船二隻，帆檣蔽空，由佛堂門入泊庵下。知縣陶學修親率鄉兵，持兵器，往磡西等處防守，乃去。

崇禎三年，艚賊李魁奇入寇，參將陳拱死之。艚寇百餘隻闌入，拱督寨兵禦之於佛堂門外，擒七艘，馘之。賊忿，直至南頭海。拱以兵少不能禦，入城。賊因登岸，設雲梯攻城。守陴者燒大銃，斃賊首，折其梯，賊乃解去。南頭地方盡被焚劫，巡撫乃發金八百，給官兵及民之被殺者。時賊勢益熾，移泊電白蓮頭港。巡撫令拱統烏艚及寨船百餘艘出剿。拱忌同事者分功，督大船自為前鋒，一鼓而敗，拱因死焉。

十四年十一月，銀瓶嘴山賊入寇。賊鼓樂豎幟，直入龍躍頭村，居民震恐。報至，知縣周希曜密授方略，發兵趨剿，擒賊首綿花王等三十餘人，斬首三百餘級，乃解。復命兩營、鄉兵追擊之。賊困山中，罕有脫者。大府題請議敘。

國朝

康熙三年八月，撫目袁四都不遵入界，潛於官富、瀝源為巢，四出流劫。提督楊令王遊擊統兵，兼同各營兵平之。

十一年九月內，台灣巨逆李奇等率寇船，流劫地方，遊移蠔涌登岸，屠掠鄉村。知縣李可成、遊擊蔡昶，統集鄉勇、官兵協力擒剿。賊見勢難與敵，回奔無路，遂潛遁瀝源等山。李可成旋督兵搜捕，盡行擒殺，地方始寧。

嘉慶九年，郭婆帶、鄔石二、鄭一等，流劫海洋，擄掠居民。有財者勒贖，無財者迫之為賊。聲勢日熾，大小匪船，不下千餘艘。不特海面縱橫，即陸地亦遭焚劫。凡濱海村落，皆設立丁壯防守。邑屏山、固戍、榕樹角、灣下等處，俱被賊圍攻，以守禦嚴，乃退。

十三年閏五月廿一日，賊船數十，在城西海面肆劫。左翼鎮林國良率師船十九隻，與賊力戰而死。

十四年十月內，郭婆帶等賊船數百號，泊縣屬大嶼山赤瀝角等處。知縣鄭域輪親率繒、漁各船往剿。制府百又撥弁兵船隻數百號，把截港口。竟以風色不順，被賊黨脫逃。

十五年，制府百招撫海賊郭婆帶等投誠，沿海居民遂無烽煙之警，而安耕鑿之常矣。

（嘉慶《新安縣志》卷十三〈防省志‧寇盜〉）

職官表

新安縣知縣

明

吳大訓，廣西馬平人，歲貢，萬曆元年任。

曾孔志，福建閩縣人，舉人，萬曆四年任。

范　經，福建松溪人，歲貢，萬曆七年任。

鄒守約，江西宜黃人，舉人，萬曆十一年任。

梁大皡，廣西馬平人，舉人，萬曆十二年任。

邱體乾，江西臨川人，舉人，萬曆十四年任。

宋臣熙，江南溧陽人，選貢，萬曆十七年任。

喻　燭，江西新建人，舉人，萬曆二十一年任。

葉宗舜，福建人，舉人，萬曆二十六年任。

李汝祥，江西人，舉人，萬曆二十八年任。

李時偕，江西永新人，舉人，萬曆二十九年任。

林一圭，福建人，舉人，萬曆三十二年任。

俞堯衢，湖廣蘄州人，舉人，萬曆三十五年任。

鄧文照，江西人，歲貢，萬曆三十八年任。

王廷鉞，江南金壇人，貢生，萬曆四十一年任。

陶學修，廣西全州人，舉人，萬曆四十六年任，升貴州昆陽州知州。

陳良言，江西進賢人，舉人，天啟二年任。

黃繩卿，福建晉江人，歲貢，天啟四年任。

喻承芳，湖廣石首人，舉人，天啟六年任。

陳　穀，福建同安人，舉人，崇禎元年任。

烏文明，浙江慈谿籍定海人，恩貢，崇禎四年任，升廣州通判。

李　鉉，福建漳平人，進士，崇禎八年任。

彭允年，貴州石阡人，舉人，崇禎十年任。

周希曜，江南旌德人，舉人，崇禎十三年任。

孫文奎，浙江紹興人，舉人，崇禎十七年任。

楊　昌，四川人，舉人。

國朝

張文煜，奉天人，歲貢生，順治三年初任。

楊美開，江南人，貢生，順治五年任。

李君柱，湖廣黃岡人，貢生，順治七年任。

何中賢，山西人，貢生，順治十一年任。

馬以懋，陝西人，舉人，順治十三年任。

張鵬彩，山西人，貢生，順治十八年任。

張　璞，陝西甘肅衛人，拔貢，康熙二年任。

李可成，遼東鐵嶺人，蔭生，康熙九年任。

羅鳴珂，正紅旗人，監生，康熙十四年任。

張明達，奉天府瀋陽正藍旗人，監生，康熙十七年任。

安定枚，遼東東寧衛鑲紅旗人，監生，康熙二十三年任。

靳文謨，直隸開州人，進士，康熙二十六年任。

丁棠發，浙江嘉善人，進士，康熙三十三年任。

金啟貞，正白旗人，監生，康熙三十九年任。

趙大瑂，浙江錢塘人，康熙五十二年任。

黃廷賢，福建惠安人，舉人，康熙六十一年任。

徐雲祥，浙江上虞人，進士，雍正二年任。

段巘生，湖廣長寧人，進士，雍正二年任。

王師旦，浙江海鹽人，進士，雍正三年任。

何夢篆，江南江寧人，進士，雍正八年任，至乾隆六年告致，歷任十二載。

湯登鼇，江南人，乾隆六年任。

唐若時，陝西渭南人，進士，乾隆九年任。

鄧　均，靈邱人，進士，乾隆十年任。

汪鼎金，浙江錢塘人，進士，乾隆十一年任。

趙長民，陝西興平人，舉人，乾隆十六年任。

胡　□，乾隆十七年任。

沈永寧，江南吳縣人，監生，乾隆十八年任。

王文徵，乾隆年署任。

書　□，乾隆年署任。

嚴　源，江蘇元和人，副榜，乾隆二十三年任。

邢　嶼，乾隆二十七年任。

譚見龍，江南昭文人，舉人，乾隆三十二年任。

鄭尚桂，直隸宛平人，舉人，乾隆三十三年任。

李文藻，山東益都人，進士，乾隆三十六年任。

楊士機，江南婁縣人，進士，乾隆二十九年任，三十六年復任。

富森布，乾隆年任。

張之浚，乾隆年任。

曾　璞，安徽舒城人，舉人，乾隆三十九年任。

繆一經，乾隆四十年任。

高　暎，河南商城人，監生，乾隆四十年任。

楊　任，直隸長垣人，拔貢，乾隆四十一年任。

舒明阿，乾隆四十一年任。

蘇　燦，浙江人，舉人，乾隆四十二年任。

夏家瑜，江西新建人，監生，乾隆四十二年任。

洪肇楷，江蘇儀徵人，監生，乾隆四十三年任。

高質敬，直隸任邱人，舉人，乾隆四十四年任。

吳　沂，直隸滄州人，舉人，乾隆四十五年任。

李大根，山西榆次人，進士，乾隆四十九年任。

朱　啟，直隸保安人，舉人，乾隆五十三年任。

陳　寅，浙江海寧人，舉人，乾隆五十五年任。

胡傳書，江蘇青浦人，監生，乾隆五十六年任。

師保元，山東人，舉人，乾隆五十九年任。

袁嘉言，江西贛縣人，附貢，乾隆六十年任。

陳兆熙，廣西臨桂人，舉人，乾隆六十年任。

陸　來，浙江歸安人，附生，嘉慶二年任。

張宗鬬，浙江開化人，附監，嘉慶二年任。

龔　鯤，江蘇江寧人，舉人，嘉慶四年任。

孫樹新，浙江錢塘人，舉人，嘉慶五年任。

王廷錦，湖北天門人，舉人，嘉慶八年任。

朱麟徵，江蘇宜興人，舉人，嘉慶八年任。

田文燾，河南固始人，舉人，嘉慶十年任。

許　濬，江蘇武進人，吏員，嘉慶十年任。

白書田，河南新鄭人，增貢，嘉慶十三年任。

鄭域輪，河南息縣人，拔貢，嘉慶十四年任。

李維榆，江西吉水人，舉人，嘉慶十一年任，十四年復任。

章予之，浙江山陰人，議敘，嘉慶十八年任。

孫海觀，甘肅平涼人，拔貢，嘉慶十九年任。

吳廷揚，甘肅秦州人，舉人，嘉慶二十一年任。

舒懋官，江西靖安人，進士，嘉慶二十一年任，二十三年復任。

姚　敔，安徽人，監生，嘉慶二十四年任。

官富司巡檢

明

林雲龍，福建人，萬曆二年任。

林廷彩，福建人，萬曆四年任。

葉　琦，福建人，萬曆十一年任。

林禹謨，福建人，萬曆十五年任。

李嘉材，福建人。

李崇綱，福建人。

楊登高，江西人。

萬　煒，直隸人。

張　輝，直隸人。

黃　哲，直隸人。

陳國禮，浙江人。

徐朝望，浙江人。

鍾應期

葛子祿，浙江人。

施廷光，浙江人。

程應豸，福建人。

查　校，直隸人。

余　瓊，湖廣人。

李　蘭，廣西人。

李大成，直隸人。

張一驥，浙江人。

黃祖鄉，福建人。

朱承學，直隸人。

洪一詳，浙江人。

鍾應煬，福建人。

朱邦泰，浙江人，崇禎十二年任。

劉應聘，江西人，崇禎十五年任。

王之燮，福建人，崇禎十六年任。

國朝

吳起渭，江西人，吏員，順治三年任。

方振綱，浙江人，吏員，順治五年任。

趙之璋，陝西人，吏員，順治十三年任。

韓三傑，山西人，吏員，順治十八年任。

蔣振元，浙江人，吏員，康熙九年任。

趙錫翰，浙江人，吏員，康熙十六年任。

廖膺寵，江西人，吏員，康熙二十年任。

茅宏仁，浙江人，康熙三十六年任。

周聯甲，大興人，康熙四十四年任。

竇廷玉，宛平人，雍正五年任。

王君聘，山西人，雍正十三年任。

何德玉，侯官人，乾隆六年任。

胡逢盛，盧〔廬〕陵人，乾隆八年任。

錢　淳，餘姚人，乾隆九年任。

劉克恭，鑲黃旗人，監生，乾隆十九年任。

徐　欽，山東人，監生，乾隆二十年任。

王承勳，直隸人，圓明園效力，乾隆二十三年任。

張學斯，浙江蕭山人，增生，乾隆二十八年任。

高　暎，直隸大興人，監生，乾隆二十八年任。

馬頤年，乾隆年任。

楊學玢，陝西富平人，監生。

婁承琪，乾隆年任。

洪　繡，安徽祈門人，監生，乾隆四十年任。

顧光涵，江蘇吳縣人，監生，乾隆四十一年任。

顧奕榕，四川人，監生，乾隆四十二年任。

方應尚，乾隆四十三年任。

張應登，山東濟寧州人，吏員，乾隆四十二年任，四十五年復任。

塗大熙，湖南永順人，恩貢，乾隆五十一年任。

馮廷桂，浙江山陰人，監生，乾隆五十一年任。

邱　口，湖北漢陽人，乾隆五十二年任。

侯省方，山西浮山人，監生，乾隆五十二年任。

柯　灝，山東蓬陽人，乾隆五十五年任。

尉良佐，浙江萊陽人，乾隆五十五年任。

王　熠，浙江嘉善人，監生，乾隆五十八年任。

張　演，浙江嘉善人，監生，乾隆五十八年任。

湯維鍼，湖南長沙人，監生，乾隆五十六年任，五十八年復任。

劉瑞桐，江西安義人，議敘，乾隆五十九年任。

郟　政，直隸開州人，拔貢，乾隆六十年任。

段長基，河南偃師人，拔貢，乾隆六十年任。

湯若鴻，嘉慶元年任。

王紉蘭，山西鄉寧人，拔貢，嘉慶元年任。

王　章，江蘇陽湖人，監生，嘉慶四年任。

蔣福基，江蘇元和人，蔭襲，嘉慶二年任，六年復任。

宋永岳，湖南慈利人，增生，嘉慶八年任。

胡宏紹，直隸大興人，監生，嘉慶十年任。

周家曠，山東濟寧人，監生，嘉慶十三年任。

張文景，山西臨汾人，監生，嘉慶十七年任。

常應魁，順天大興人，監生，嘉慶十八年任。

歐陽淳，江西安福人，貢生，嘉慶十四年任，十八年復任。

唐欽仁，四川溫江人，監生，嘉慶十九年任。

魏守誥，湖北江夏人，議敍，嘉慶二十一年任。

許章琈，湖南益陽人，監生，嘉慶二十年任，二十二年復任。

袁廷榮，順天大興人，嘉慶二十四年署任。

（嘉慶《新安縣志》卷五〈職官志・文官表〉）

六、人物

名人

明

汪鋐，號誠齋，徽州婺源人。正德十六年，任巡道。番彝佛朗機假朝貢，佔據屯門海澳，時肆剽掠，屠食嬰兒。御史邱道隆、何鰲前後具奏，准行驅逐。公親冒風濤，指畫方策，號召編民，率以大義，戰而克之。所獲貲財，悉賚下，秋毫無私。旋升兵部尚書、都察院右都御史。民立祠於崇鎮里，以報功德。今合祀海道劉公。萬曆四十三年，詳允入祀名宦。

劉穩，號仁山，湖廣酈縣人，隆慶六年任巡道。邑原隸東莞，離治百餘里，倭彝海寇，往往為患；惡少嘯聚，淫祠公行。部至，禁祀撤像，以鄉約所額焉。朔望誦讀聖訓，徇鄉民吳祚等之請，以東莞相距遼闊，稽察難周，民易為奸，因轉詳大憲，設立今治。政暇，集諸生講明道學，文風翕然丕變。其後，擢南京太僕貳卿，士民擁道遮留者以萬計，公慰以詩，復追送小金山，乃還。爰創立生祠，共捐租若干畝，以為祭田。萬曆四十三年，詳允入祀名宦。

吳大訓，號潤泉，廣西馬平人。由歲貢，萬曆元年知縣事。寬厚慈祥，百度草創，悉心經理，動合機宜。且寓作法於涼之意，禮奢碩，右人文，為開邑之良令焉。萬曆四十三年，入祀名宦。

邱體乾，字時亨，江西臨川人。由舉人，萬曆十四年知縣事。創學田，修邑乘，勤於課士。清丁糧，均船役，民甚德之。凡所因革，皆宜民善俗，經常可久之規也。萬曆四十三年，入祀名宦。

喻燭，號熙宇，江西新建人。由舉人，萬曆二十一年知縣事。舊邑倉糧、場課多積弊，盡為釐革。懲滑胥，日用一絲一粟，悉以平價市於民。有所役，兢為妨農慮。定里甲差馬之額，嚴借辦私宰之禁。立比卯十限之法，公私便之。萬曆四十三年，入祀名宦。

曾孔志，號泗台，福建閩縣人。由舉人，萬曆四年知縣事。寬恤里甲，嚴馭吏胥，疏滯獄，剔蠹弊，奉法循理，民甚安之。至禮耆碩，興學校，尤為倦倦。屢膺卓薦，升高州府通判，祠於雲林墟側，今圮。

陳良言，江西進賢人。由舉人，天啟二年知縣事。公平廉靜，作士禮賢；寬徭役，抑豪橫，清訟獄。正己率屬，杜絕饋遺。士歌《棫樸》，民樂弦歌。惜未幾別調，闔邑士民有甘棠之思焉。

陳穀，字式洲，福建同安人。由舉人，崇禎元年知縣事。剛直廉平，不避權貴。首除劇惡，嚴詰奸胥。寬里甲，恤編民，免餒贖，清羨餘，積蠹宿弊，釐剔殆盡。築兩銃台於城北隅，以固守禦。仕甫年餘，以忤權貴去，行李蕭然。父老攀留者，遮道不得前。改教，後復官湖廣藍山縣。邑人祠於雲林墟側，今圮。

李鉉，字伯韓，福建漳平人。崇禎八年由進士知縣事。慷慨有丰裁，豪強斂跡。甫下車，除外地之寇，恤竈丁之艱，詳立鹽埠，申免經紀雜餉，以豁重戾。民多德之。任未幾，改調海豐。祀四侯祠，今圮。

彭允年，號鶴廷，貴州石阡人。崇禎十年由舉人知縣事。質樸寬和，與民休息，輕徭役，蠲鍰贖，恤行戶，善政不可枚舉。作士課文，分廉俸以贍之。去日，行李蕭然，邑人思慕，祠於雲林墟側，今圮。

周希曜，字道升，江南旌德人。由舉人，崇禎十三年知縣事。留心民瘼，勵志育材，修練儲備，諸事整理，井井有條。其詳陳民瘼等事，皆切中時弊，如復魚鹽以蘇土著，平物價以恤行戶，併倉儲以革陋規，禁投獻以絕攄詐，皆善政也。見邑中登科甲者寥寥，以東門外之舊學基，坐文岡而朝杯渡，局勢宏敞，不憚經始之勞，鼎建學宮。爰是英賢輩出，後人皆受賜云。

國朝

丁棠發，浙江嘉善人。由進士，康熙三十三年知縣事。寬惠仁慈，清丁糧，均徭役，凡有不便於民者，悉除之。邑向無社學，集紳士，創建寶安書院。及行取升任之日，闔邑紳耆為立去思碑，至今存南門內。入祀名宦。

金啟貞，正白旗人。由監生，康熙三十九年知縣事。廉明仁厚，甫下車，詢民間疾苦。時邑遷復未幾，民嗷嗷中澤。一姓同戶，逋稅者合族株連。公為惻然，編定甲戶，分立的名。有積久不清者，罪止一人，民皆安業。又其時河道壅塞，水潦大至，民傷蕩析。公措理疏導，水患悉除，於今賴之。入祀名宦。

唐若時，陝西渭南人。由進士，乾隆九年知縣事。工書能文，行己以恭，接士以禮，待人以寬，撫民以惠，邑由是大治。公暇輒與邑人士吟詠以自適。入祀名宦。

張文煜，北京人。順治三年，知縣事。甫涖任，軫念殘黎，安集撫恤，卒然際變，能不中於害。其後被圍城三月，多方守禦，不少懈，卒以平定。愷悌之政，剿靖之功，嘖嘖口碑矣。

李君柱，湖廣黃陂人。順治七年，以貢生知縣事。潔己奉公，勞心撫字。尤好士，被其容接者咸披衷愫，若干以事，則慄然色變，其公正又如此。

馬以懋，陝西乾州人。順治十三年，以舉人知縣事。愷悌成性，軫恤民艱。時以兵燹，田地荒蕪，並多混淆，民苦虛糧，悉為清出，以免賠累。雅愛士，或公事相接，必辨論經典。丁酉分考，所得士尤為極盛。

李可成，遼東鐵嶺人，號集又，由官生康熙九年知縣事。居心慈惠，守己廉潔。來當展界復縣之初，哀鴻未集，悉心招徠，給以牛種，督耕勸課。城池衙署廢圮，捐修不累於民。所在設防守險，百度經營，務以固圉衛民而後已。督徵錢糧，革除積弊，故民皆樂輸。巨寇李奇等劫掠，聞報即率同鄉勇、官兵，親履行間，盡數擒獲。接待諸生，溫然和藹，而又不得干以私。蓋慈惠而能斷，清慎而克勤，不獨蒸被一邑，鄰封皆向慕之。

張明達，號子上，奉天府瀋陽人。由監生，康熙十七年知縣事。時哀鴻甫集，招徠綏乂。學宮圮廢，歷議修建，未克底事。乃倡率紳士，捐助鳩工，數年告竣，廟貌復新。康熙二十年，有清查丁口之令，嚴飭胥役，無滋擾累，時論韙之。

安定枚，號傅岩，遼東東寧衛人。由鑲紅旗監生，康熙二十三年知縣事。忠勤率屬，廉介惠民，一切陋規，釐革殆盡。加意課士，獎勵優渥。聽訟，獎不株連羈繫，到即鞫訊。錢糧分限四季投納，追呼不事。以母艱離任。去之日，士民感泣如失怙恃焉。

靳文謨，直隸開州人，號淇園。康熙二十六年，以進士知縣事。甫下車，凡所不便者，釐革改正，百姓安之。寬洪仁恕，勤於政事；夙興夜寐，百務修舉，如城樓、砲台、窩舖、縣治、鼓樓，前因颶風倒塌，議修未果，乃設法捐俸，修復如故。訟獄立為審決，務得其情。以節儉澹薄為士民倡，古之良吏，不是過也。

段巘生，湖廣長寧人。由進士，雍正二年知縣事。雄於詩文，廉敏仁恕。在任政簡刑清，禮賢下士。因寶安書院頹廢，乃特建文岡書院，勸捐社田七十石，以為山長束脩，生童膏火。雖繼此資斧日增，而經始之謀，咸藉首倡焉。

何夢篆，江南江寧人。由進士，雍正八年知縣事。幼而穎悟，博極群書。解經宗漢儒，著有《思無邪詩集文集》行世。甫下車，洞悉民隱，凡所不便民者，概行釐革。首延邑中名士，主文岡講席，親考課，崇孝友，民風丕變。邑中稱治，保留十二載，至今民猶慕之。

汪鼎金，浙之錢塘人。由進士，乾隆十一年知縣事。廉明公正。

時俗多疲，玩力為整飭，而示以信誠，久之俗漸還淳。文風未振，公餘，輒與邑人士研經課藝。今邑民克循軌範，皆其化導之力。讀書多醞釀之功，蒞政溥循良之績，上官多器重之。惜以勞瘁，卒於官。

李文藻，山東益都人。由進士，乾隆三十六年署縣事。博聞強記，雅善文詞。手批口答，決判如流。摘伏懲奸，牢無滯獄。下車即觀風試士，其文至今傳誦焉。

吳沂，直隸滄州人。由舉人，乾隆四十五年知縣事。丰裁峻厲，不苟於接物。取與分明，必嚴以律己。當時命案株連，動經一載。而公祇取正兇，其餘概予釋寧。至非真斃命者，一驗即消，絕不拘究。癸卯歲，修整學宮，鳩工庀材，經營備至。其廉而肅，勤而勞，類如此。

李大根，山西榆次人。由進士，乾隆四十九年知縣事。潔己奉公，勞心撫字。待士必以禮，徵收不苛求。時值修葺學宮，凡一切丹艧之飾，勉力籌備。丙午、丁未，邑中饑，糜〔糜〕粥賑濟，民賴以存活者甚多。後以卓薦，升萬州知州。

（嘉慶《新安縣志》卷十四〈宦蹟略〉）

薦辟

明

鄧通叟，邑之屏山人。洪武十五年，詔下郡國求士，叟應選，授直隸寧國府正，有傳。

（嘉慶《新安縣志》卷十五〈選舉表·薦辟〉）

甲科

國朝

康熙二十四年乙丑科陸肯堂第三甲

鄧文蔚，邑之錦田人，授浙江衢州府龍游縣知縣，有傳。

（嘉慶《新安縣志》卷十五〈選舉表・甲科〉）

鄉科

宋

寶祐六年戊午科

鄧炎龍，邑之龍躍頭人，賦漕舉景定二年辛酉科，賦漕再舉。

明

成化七年辛卯科

鄧廷貞，邑之錦田人，以《書經》中式，任江西萬安縣教諭，尋升廣西滕縣知縣，未任而卒。

嘉靖十年辛卯科

馮體立，邑之五都人，以《詩經》中式，初授南直海州學正，升山東滋陽縣，尋調廣西羅城縣、雲南蒙自縣知縣。

國朝

順治十四年丁酉科

鄧文蔚，以《書經》中式，見甲科。

乾隆元年丙辰恩科

鄧與璋，邑之錦田人，以《書經》中式第二名。丁巳、壬戌俱明通進士，授德慶州學正，有傳。

乾隆二十七年壬午科

鄧晃，邑之錦田人，以《書經》中式，有傳。

乾隆五十三年戊申科

侯倬雲，邑之金錢人，以《詩經》中式，任靈山教諭。

嘉慶十二年丁卯科

廖有執，邑之上水人。

（嘉慶《新安縣志》卷十五〈選舉表・鄉科〉）

恩貢

國朝

鄧紹周，邑之錦田人，乾隆元年丙辰貢，歷署連山、仁化、陽山教諭，授韶州英德教諭。

廖鰲，邑之上水人，乾隆十七年壬申貢。

文叙，邑之泰亨人，乾隆五十年乙巳貢。

李麟，邑之元蔭人，嘉慶四年己未貢。

（嘉慶《新安縣志》卷十五〈選舉表・恩貢〉）

歲貢

明

鄧良仕，邑之錦田人，萬曆三十八年貢，任訓導。

國朝

鄧肇基，龍躍頭人，雍正六年戊申貢，任歸善訓導。

袁鑑，邑之羅湖人，雍正十三年乙卯貢，授長樂訓導，歷署平遠、海豐、陸豐教諭。

鄧炳，邑之龍躍頭人，乾隆五年庚申貢，任廣寧訓導。

鄧宗樹，邑之龍躍頭人，乾隆三十年乙酉貢。

武科

國朝

乾隆四十四年己亥恩科

鄧飛鴻，邑之屏山人，中式第八名。

乾隆五十四年己酉恩科

鄧英元，邑之錦田人，嘉慶己卯年，贊修邑志。

嘉慶九年甲子科

鄧瑞泰，邑之屏山人。

嘉慶十八年癸酉科

鄧大雄，邑之錦田人，嘉慶己卯年，贊修邑志。

（嘉慶《新安縣志》卷十六〈選舉表・武科〉）

武職

國朝

蘇其亮，邑之屏山人，行伍，任雷州都司。

（嘉慶《新安縣志》卷十六〈選舉表・武職〉）

廩例貢

國朝

鄧大鏞，邑之輞井人。

文啟新，邑之新田人。

增附例貢

國朝

鄧與琮，邑之錦田人。

鄧瓊賞，邑之錦田人，附生

廖九我，邑之上水人，增生。

（已上雍正）

鄧麟，邑之屏山人，增生。

鄧朝榮，邑之錦田人，增生。

（以上乾隆）

鄧英華，邑之錦田人，嘉慶己卯，贊修邑志。

（以上嘉慶）

例貢

鄧瓊賞，邑之錦田人。

（已上康熙）

鄧汝諧，錦田人。

廖士昌，上水人。

（已上雍正）

鄧與瑋，邑之錦田人。

鄧遇秀，錦田人。

鄧遇紫，錦田人。

鄧朝聘，錦田人。

鄧　綱，龍躍頭人。

鄧國韜，錦田人。

鄧思謨，龍躍頭人。

鄧文鉉，龍躍頭人。

鄧文欽，龍躍頭人。

鄧汝詠，錦田人。

鄧文鎬，龍躍頭人。

鄧春魁，錦田人。

鄧慶及，龍躍頭人。

鄧　敢，龍躍頭人。

鄧必魁，錦田人。

鄧鳳書，錦田人。

鄧枝芳，屏山人。

鄧日煜，屏山人。

鄧兆麟，屏山人。

鄧龍文，錦田人。

鄧喬錫，錦田人。

鄧　牪，龍躍頭人。

鄧如琇，龍躍頭人。

鄧拔魁，錦田人。

鄧廣緒，廈村人。

鄧　翽，屏山人。

鄧　招，廈村人。

（已上乾隆）

鄧元捷，龍躍頭人。

鄧芝蘭，屏山人。

（已上嘉慶）

（嘉慶《新安縣志》卷十七〈選舉表・例貢〉）

<h1 style="text-align:center">例職</h1>

鄧宗興，龍躍頭人，捐州吏目。

鄧文彬，龍躍頭人，捐縣主簿。

鄧世軔，附生，捐州同，錦田人。

鄧世勣，附生，捐州同，錦田人。

鄧師旦，捐州同，錦田人。

鄧兆元，龍躍頭人，捐州同。

鄧　珏，龍躍頭人，捐理問。

鄧昌瑞，捐千總，廈村人。

陶位暢，捐千總，屯門人。

鄧文成，武生，捐千總，錦田人。

鄧遇宗，錦田人，武生，捐把總。

鄧維憲，龍躍頭人，捐千總。

（嘉慶《新安縣志》卷十七〈選舉表・例職〉）

<h1 style="text-align:center">封贈</h1>

國朝

鄧世勣，附生，捐州同，以子與璋，贈修職郎，錦田人。

鄧遇文，錦田人，監生，以子師旦，捐職州同，誥贈儒林郎。

（嘉慶《新安縣志》卷十七〈選舉表・封贈〉）

<h1 style="text-align:center">鄉賢</h1>

明

鄧師孟，隆慶時，父被海寇林鳳掠去。孟謀之外父曰：“吾家故貧難贖，願以身赴。"外父難之。孟詣賊船，求以身代父，詞氣懇摯，聲淚俱下。寇留之，因釋其父。將別，囑曰："諸弟堪事，勿以兒為念！"乃沉海而死。邑令邱體乾修志，紀其事。邑令王廷鉞始詳允，入祀鄉賢。族人在大莆墟立祠以祀之。

鄧通叟，字彥通，屏山村人。孝友端潔，才能素裕。當元季時，斂鋒匿跡。洪武壬戌年六月，敕符下郡求士，東莞令葉仁卿以叟應選科。叟赴京，授以直隸寧國府正。蒞任後，以利濟為己任，有政聲。常恐兒曹輩玷其清潔，頻寄詩以勗曰："縱饒遠別五千里，敢忘臨行一兩言。"又曰："勉強持家輸敝賦，殷勤教子立清門。"其人亮節如此，後致仕，以壽終。〈補傳〉

國朝

鄧與璋，字宜升，錦田人。雍正甲辰，年十九，補弟子員。越年食餼。乾隆丙辰，鄉試中式第二名。丁巳、壬戌兩科會試，取中明通榜。仁厚坦直，學問淹博。居鄉處朋儕，必誠必信。選授德慶州學正，勤月課，嚴訓迪。諸生中有與當道忤者，以危法中之。璋知其誣，力為之爭，生始得免。壬申赴公車，卒於京師。太史馮潛齋為之撰墓誌，以傳不朽。

（嘉慶《新安縣志》卷十九〈人物志‧鄉賢〉）

行誼

國朝

鄧文蔚，字豹生，錦田人。順治丁酉科舉於鄉，康熙乙丑成進士。少貧力學，為文敏捷。嘗混跡漁樵，以助菽水，而行吟不輟，道旁嘗聞諷誦聲。初鄉薦北上未售，歸即陶情山水二十餘年。至壬戌，復遊燕，館於冠軍將軍倪公家，都下名士多從之遊。著《燕台新藝》，蔡公升元欣賞之，而冠之序，為付梓以行世。逾三載，捷南宮，授浙江龍游縣，惜之任未久而卒。

鄧晃，字曜斯，錦田人。乾隆壬午，以《書經》舉於鄉。博覽群書，淹通經史，工詩文。為廩生時，邑令汪慕其學，延掌文岡講席，相與論文，為忘形交。而邑中諸生，多藉裁成，人文蔚起，稱極盛焉。

（嘉慶《新安縣志》卷十九〈人物志‧行誼〉）

列女傳

明

何氏，龍躍頭鄧仕賚之妻。年十八歸賚，甫匝歲而賚殂矣。《柏舟》自誓，姑憐其少也，屢以家貧為解。氏志愈厲，傭織以養，翁姑賴之。後翁姑繼亡，代賚送死無憾。年五十而卒。

（嘉慶《新安縣志》卷二十〈人物志‧列女傳〉）

節婦

侯氏，廖重山妻。嘉靖三十年，海盜入寇，重山渡海，中流被擒。家聞報，姑鄧氏悽慘欲絕。氏再三勸慰，逕往賊船，請以身為質，縱夫歸，措銀來贖。賊許之。別時私以頭髮、指甲封固交夫，囑其來贖時，須探的消息方可下船。夫至，細覘之，知侯氏已於當日投海死矣。夫望洋號哭招魂，歸葬於河上鄉，今相傳為招魂墓。前人未及表揚，茲亟登之，庶不使當年節烈，終於湮沒云。

（嘉慶《新安縣志》卷二十〈人物志‧節婦〉）

壽考

國朝

廖恒穀，上水人，壽一百歲。乾隆丙辰，中丞楊永斌賜"百齡修職"匾額。

鄧爵相，輞井人，壽九十九歲。

壽婦

國朝

李氏，上水監生廖定邦之妻，一百有一歲。乾隆五十二年旌表建坊，賜匾額"貞秀之門"。

（嘉慶《新安縣志》卷二十一〈人物志·壽考、壽婦〉）

流寓

宋

鄧符，字符協，江西吉水縣人。宋崇寧間進士，授承務郎，權南路，歷官陽春縣令。入廣樂風土之美，卜居於邑之錦田桂角山下，創力瀛書齋，以招來學，南海霍暐記其事。後曾孫自明，尚高宗公主。子孫世居錦田、龍躍頭、屏山、竹村、廈村等處，至今推為望族。[1]

（嘉慶《新安縣志》卷二十一〈人物志·流寓〉）

1　過往不少學人據此記載，認為鄧符協是鄧氏家族遷往錦田的始祖。鄧氏族人鄧聖時先生根據族譜、墓碑等資料進行認真考察後，認為鄧氏家族遷往錦田的始祖是鄧漢黻。鄧符協是他的曾孫，出生在錦田。可參見鄧聖時的〈鄧氏遷岑年代攷〉一文，載其編纂的《屏山鄧族千年史探索》一書。

僑釋

宋杯渡禪師，嘗乘木杯渡水，因目為"杯渡"。初至冀州，不修細行，神力卓越，人莫測其由。曾寄宿一家，家有金像，杯渡竊而去。其家覺而追之，杯渡徐行，走馬逐之不及。至孟津河，浮木杯於水以渡，不假風棹，輕疾如飛，俄而及岸，達於京師，時年可二十許。有齊諧者，其妻胡氏病，諸醫不癒。請僧設齋，僧共迎杯渡至，一咒，病者即癒。齊諧拜禮為師，因作傳，記其神異。晉元嘉三年九月，東行至山湖，托病而死。諧接屍還，葬覆舟山。至五年三月，杯渡復來，齊諧驚異。須臾，門外一僧喚師，師便辭去，云："當往交廣之間，不復此間來也。"於是絕跡。舊志云：師嘗以杯渡海，憩邑屯門山，後人因名曰杯渡山。復駐錫靈渡山，亦名靈渡寺。蔣之奇有詩並序，刻於上。乾和中，靖海都巡檢命工鐫其像於山嶺。

（康熙《新安縣志》卷十三〈雜志‧僑釋〉）

元

譚公道，歸善人，居邑之九龍山，修行不記歲月。每杖履出山，一虎隨之，或為負菜，往返與俱。既歿，祈雨暘，輒應。從《歸善志》增入

（嘉慶《新安縣志》卷二十一〈人物志‧僑釋〉）

七、藝文

敷陳海防要務疏

〔明〕尹瑾

　　題為敷陳海防要務，以安生靈事：竊惟廣東海防浩渺，寇盜靡常。東起潮州，西盡瓊、廉，原設水寨以備防守。在潮州，則有柘林寨；在惠州，則有碣石寨；在廣州，則有南頭寨；在高肇，則有恩陽寨；在雷州，則有白鴿門寨；在瓊州，則有白沙寨；在廉州，則有烏兔寨。烏兔寨近裁革矣，而六寨猶存。給以官船，領以捕盜。哨官分管之，將領總管之。船非不豫也，兵非不備也，當事臣工非不殫心經理也。然或不能消寇孽於未萌而擒盜賊於猝至，此其故何哉？海洋廣闊，其分布難周也。海澳險阻，其巨艦易壞也。汛地空虛，其奸宄易乘也。兵糧虛冒，其軍旅未充也。器具缺少，其急用未濟也。接濟潛通，其盜源未塞也。剿撫失算，其兵威未奮也。督率乏人，其查核未嚴也。臣生長海濱，灼知梗概；備員漳州，曾涉海洋。紀功廣東，海防機務，諮詢悉詳。今欲議行整刷，臣有所知，不敢隱默。謹條陳海防八事，以效一得之愚。伏乞敕下兵部，如果臣言不謬，併行廣東省參酌採用，則海防亦未必無小補云。緣係敷陳海防要務，以安生靈事，理未敢擅便，謹題：

　　一、量地廣狹，以置船多寡。夫各府之封疆不同，而各寨之廣狹亦異。即如南頭一寨，東至大星，西至廣海，省城門戶所由繫焉。原置船六十隻，視諸寨獨加之。夫加之誠是也。水寨之船，分為汛地三哨，一巡佛堂門，一巡大星，一巡廣海，分之誠是也。但廣州地方遼遠，哨探未周，如船在佛堂門，則佛堂門有備矣。設寇由雞公頭潛入新安縣，恐佛堂門之兵未之知也。船在大星，則大星有備矣。設寇由大鵬潛入大步屯，恐大星之兵未之知也。船在廣海，則廣海有備矣。設寇由十字門潛入香山，由松柏門潛入新會，恐廣海之兵未之知也。南頭寨地方之曠遠，類如此。若柘林寨，則東起柘林澳，西至神前港，其中大城、蓬州、海門、靖海諸所在焉，饒平、澄海、潮陽、惠來諸縣在焉。海之曠遠不減南頭，而寇之淵藪獨倍他寨。南澳向為賊巢，河渡門號為寇窟。乃若寨船止四十隻，與他寨同焉。豈知自柘林以至神前，千有餘里，皆其汛地。哨船泊在柘林，柘林以下，皆寇之乘虛而入境者也。哨船移泊神前，則神前以上，皆寇之乘間而竊發者也。近設南澳兵船，可謂據險握要，一定而不可易者。而河渡門乃商船往來之衝，寇之搶船掠人，接濟聚黨，皆在於此。即海寇林道乾回洋，首泊其地，安可置而不講也？白沙寨則統轄瓊州，四圍皆海，周環數千里，清瀾諸所，累被賊陷。樂會諸縣，會遭寇殃。賊眾我寡，強弱不敵，又安能不坐失事機哉？近以烏兔寨之設，止為廉州珠池，乃行裁革，而以船二十隻增入白沙寨矣。夫白沙之船固增矣，而復撥二十隻，輪流看守海安，兼哨珠池，又安能守汛地哉？是白沙寨之船雖增，猶未增也。兼以崖州、陵水、萬州、樂會，抵運外洋。使哨船弛備，海寇突至，其何以禦之？至於碣石寨，則東起甲子，西至平海所界，在南頭、柘林二寨之間。白鴿門、恩陽二寨，亦東連南頭，南抵白沙寨。此三寨也，地方稍狹，策應有援。雖各置船四十隻，似難裁減，臣無論已。而南頭、柘林、白沙三寨，尚宜酌量海澳，添造官船，務足分布港門，無至疏略。而河渡一港，猶不可不增柘林之船，以分布防禦者也。寨船既增，海澳鱗集，即有海寇，無罅可入，又奚自而劫掠哉？或謂添船兵，恐糧餉不足，臣愚以為不然。廣東頻年大征山寇，餉且足用。今山寇俱已蕩平，別無所費，各營兵所以相機量減。能減二營之兵，即可以剩一寨之餉。故不必增餉，而餉自足也。且海濱貧民，倚海為生，饑不得食，則潛出劫掠，乃其故態。若多置哨船，兇悍無籍者，皆得投兵就食。既為兵，必不為寇，又未必非潛消寇孽之微權也。

一、量淺深，以置船大小。夫廣東六寨汛地各有港，可以避風、泊船。但港門有淺深，灣澳有險易，港深而易泊者，無論船隻大小，皆可駐紮。若港門淺狹，則利於小船，而不利於大船。今六寨之中，水深可泊者，在南頭則有屯門、佛堂門也；在柘林則有東山下、河渡門也；在恩陽則有神電、馬驢門也。港澳既深，雖有颶風驟發，船易入港，用大船以禦敵，誠為上策。若白鴿門汛地，惟北隘頭可以泊船，其港亦淺；兼以巡哨錦囊、永安二所，往來洋中，俱有沙，行大船恐未利也。白沙寨汛地，惟清瀾可泊大船，而白沙、萬州諸港俱淺，鬼叫門亦有沙。此二寨也，然猶有可泊之地，卒遇颶風，壞船猶少也。至若碣石衛一寨，殆又甚焉。碣石汛地，惟白沙湖頗可泊船。然湖中泥爛，湖尾淺狹，僅可容十餘船耳。若碣石衛，則海石嵯岈，船易衝磕；甲子門，則港門甚淺，船易涸頓。一遇大風，大船不能入港，累被覆滅，豈能遽爾造補？而本寨之汛地，未免空虛，海寇倏至，如入無人之境，孰從而禦之？故甲子門屢被寇劫，而竟無一兵與較勝負，非兵退怯，苦無敵船也。今於碣石、白沙、白鴿門三寨，須酌用三號、四號之船，遇颶可以入港灣泊。其船常存，則其威常振耳。或謂三寨，海寇要衝，而小船不利於戰。然與其必用大船而屢被衝破，孰若多置小船，而振耀兵威。小船多，與大船相當也，況所謂小船者，非若小哨馬之類也，唯其可以入港而已。

一、就寨修船，以固守汛地。夫廣東，海澳瀰漫，寇盜叵測，或乘機嘯聚，或順風倏至。若澳無兵船，則縱橫劫掠，接濟私投，不旬日而聚黨跳梁，強不可制。伺兵船復集，勢已無及。惟澳有兵船，則蜂屯蝟集，棋布星列，非獨外寇不敢犯，即內地有蓄異謀者，亦將顧忌兵威而不敢動，勢使然耳。先年，六寨借用民船，可暫而不可久，故汛地虛空，盜賊猶熾。近設官船，與福建事例相同，船常在寨，甚可經久。但往歲寨船，俱掣回省城修整，各寨汛地並無船隻防守，又何海寇之不結黨也？南頭一寨，附近省城，掣之猶可。柘林、碣石二寨，遠在東路；恩陽、白沙、白鴿門三寨，遠在西路，順風俱有八九日之程，若遇逆風，即一二月不能到。計其修理往來之程，動經數月。萬一寇至，將何以禦之？往往地方失事，而無兵克敵者，正坐此也。今改議三年回省一修，亦計量及此耳。臣愚以為各寨之船，宜在各寨修之，即三年亦不必挈也。各寨俱有港澳，俱可修船，油釘藤蔴之類，隨處足用。若防汛已畢，即可就近修理，不必挈回省城。惟白沙一寨，屬在瓊州，無桅；而省城之桅，難以過海，勢必回省替換耳。若曰白沙寨船隻間有一、二壞桅者，方許駕回省城，換桅修理，或回恩陽附近更換。苟非桅壞，不必回省。夫各寨之船，既不離汛地，則沿海之澳，不至空虛矣。

一、查革虛冒，以振飭軍旅。廣東寨船，大號者，兵七十名；二號者，兵六十名；三號者，兵五十名；四號者，兵四十名；哨馬則二十五名。兵有多寡，隨船大小也，惟其可以駕船禦敵而已。乃將領有嗜利者，每船虛兵三名。哨官效將領，捕盜效哨官，各有所利，各不相非。甚以跟隨人役，冒頂兵餉；招募老弱，剋減月糧。扶同欺隱，海上遠涉，孰從而知之？或司道點閱，則催人答應；或挈名不到，則假託私逃。計一船之兵，十分已虛其二，而實在駕船者，幾何人哉？計實在之兵，老弱已居其半，而奮勇禦敵者，又幾何人哉？夫兵已虛矣，又老弱雜處。無事登岸者過半，看守無人。或颶風驟發，無兵護船，船必壞；或海寇突至，無兵應敵，敵必勝。故兵船懦弱不振，凡以虛冒耳。今宜責任守巡及海防，督理本府兵船，常至海防查核。嚴禁虛冒，使兵皆足數；揀汰老弱，使兵皆勇壯。或有逃亡事故者，限一日內申明扣餉，召人補額，毋致隱匿支糧。船泊在澳，不許各兵登岸偷閒。為將官者，亦毋得身先登岸，以為人望。近日撫按諸臣已屢行申飭，但恐海上虛兵乃其故態。如再有前弊，許撫按查參重處，則將領畏法，而兵不虛冒矣。

一、預置器具，以防備急用。夫船以檣棋為主，檣棋缺，則船壞而無用。兵以戎器為衛，戎器缺，則兵怯而無威。六寨船隻檣棋，一年小修，三年大修，已為定例。但海洋不測，一時颶風驟發，船不到港，橃棍損壞，亦尋常事耳。如偶折桅柁，則船不能駕撐；損失椗纜，則船不能灣泊，關係非細故也。捕盜無銀修理，姑將船隻灣泊港內，不敢出洋。不得已兵將和同，減兵數，冒支月餉銀兩，隨而修理之，此通弊也。方其未修也，船泊港內，不堪督駕；兵數不足，不堪禦敵。忽有盜賊，束手無策，有船與無船同耳。今於各船橃棍，果係被風損壞；而哨捕人員，原無侵欺冒領情弊，海防官宜即查明，缺即補之，毋徒棄船港中。若所費不多，則量出官銀，不必拘大修、小修之例。或有船隻被風打破，亦宜速行造補，以免汛地空虛。海洋鹹水，船易生蛆，艕板必爛。將官猶宜按月朔望潮汐之期，責令捕官將船燀洗，庶乎船可堅固，而駕撐長久也。至於軍器、火藥，隨船大小支給，多寡各有定數。然須多置預備，然後兵將有恃無恐。又宜令捕官不時檢點，毋致濕爛。銃砲爆裂，即當查換；火藥缺用，即當支給。但新造銃砲之時，須鑿記年月，分別官物，以防私換。夫損棍已修，則船有實用；戎器已備，則兵有壯威矣。

一、嚴禁私濟，以杜絕寇源。海寇所賴者，船也。船上所賴者，橃棍、兵器也。彼海邊劫掠，不過布帛米穀而已，擄人取贖而已。至於船上器具，柁椗硝磺之類，皆船中所急用者也，烏得而有之？惟海邊姦民，潛相通濟，利其財物，賤貨而倍價。乏兵器則以兵器通，乏橃棍則以橃棍通。故賊船得修理，以為遁逃抗敵。若有司地方嚴加禁革，不使接濟之貨得以下船；各澳各船，嚴加巡緝，毋使接濟之船得以出海；則海上無一年不修之船，亦無半年不壞之橃棍。桅柁偶折，則船為虛器；風篷既爛，則寸步難移。船以漸棄，賊亦漸散，固其勢也。語云：「海邊無接濟，則海上無奸細。」正謂此耳。雖謂奸細潛泊海隅村落，雜之商販、捕魚，出沒無時，此則其鄉里鄰族所得而知也。官府果能設法禁戢，有出首得實者，不惜重賞；鄰里容隱者，嚴加重處；其事未有不發露者矣。

一、嚴酌招撫，以奮揚兵威。夫所謂撫者，撫其黨而散之。渠魁歸命，禍根已芟，而復散其脅從，以歸編氓，撫之誠是也。非謂聽其聚黨而雄據一方也。往歲，廣東寇盜叢興，烽火旁午。有司懼吾兵之弛，而無與犄觭，不能制其死命，而徒效招撫，是縱之，非撫之也。其害則據險聚黨，負固不散，陽稱效順，陰出劫掠。即如林道乾，向已就撫，據河渡門，聚黨數千，集船數十。遇烏艚販鹽，則每船取銀四、五十兩，名為買水。遇白艚捕魚，則每船納銀七、八兩，名為扣稅。百姓以其既撫，而畏禍不敢言。官司以其既招，而隱忍不肯發。猶癰疽積毒，久則必潰，是皆不制其死命，故撫而復叛，叛而復撫。海濱之民，又何憚而不為哉？夫海寇所以難擒者，以海洋廣闊，萬里渺茫，若其肯與兵戰，則勝負尚未可定。惟被兵開洋，任風飄蕩，賊船可往，兵船不可往。兵船又不能時時聯絡，而海隅村落遼遠星錯，倏忽而來，及兵至則又逸去。若撫之而不能令其散黨歸命，徒寬之，則反以養患。防之，則仍費提防，與不撫同。此所謂欲得其死命，而後剿撫嚴密，兵威可奮矣。

一、專任海防，以嚴軍務。夫將官之統兵海上也，虛兵剋餉，苟且偷安，乃其積習致然。若查核親督，則海洋欺隱無由，兵將之利病可悉。今總兵衙門間差旗牌等官，至寨振飭，悉是利得厚賂，則回稱兵將精強，否則廢弛，徒有科歛，無裨實用。此哨官之不可遣也。整飭原在司道，而專理當在海防。司道難以屢出，惟海防可以常巡。且其出身科目，廉恥向上之心，其所素積。若海防官實心用事，不以別委，嘗在海旁駐紮督理，則海寇卒至，不敢逗遛觀望。分布巡哨，必不敢潛住港澳；船上之兵，必不敢登岸偷閒；哨兵數目，必不敢虛名冒餉。船隻破爛，可即查申造補；檣棋損壞，可即驗明替換；兵器不足，可即查數支給；哨兵逃亡，可即扣冒頂補。北風汛發，必率兵以防北；南風汛發，必率兵以防南。老弱者無所容，接濟者有所憚，又何患兵威之不振也？故撫按當責成司道，司道當責成海防。若海防果能常往海邊，振勵軍旅，地方輯寧，歲終優叙，以酬其功，則人懷奮勵，而海洋有賴矣。

展界復鄉疏

〔國朝〕巡撫　王來任

題為微臣受恩深重，捐軀莫報，謹臨危披瀝一得之愚，仰祈睿鑒，臣死暝目事。疏內一款為展界復鄉

曰一粵東之邊界急，宜展也。粵負山面海，疆土原不甚廣。今概於海濱之地一遷再遷，流離數十萬之民，每年拋棄地丁錢糧三十餘萬兩。地遷矣，又在在設重兵以守其界內之地。立界之所，築墩台，樹椿柵。每年每月又用人夫土木修整。動用不支，不費公家絲粟，皆出之民力。未遷之民，日苦派辦。流離之民，各無樓址，死喪頻聞。欲民生不困苦，其可得乎？

臣請將原遷之界，悉弛其禁，招徠遷民復業耕種，與煎曬鹽斤。將港內河，撤去其椿，聽民採捕。將腹內之兵盡撤，駐防沿海州縣，以防外患。於國用不無小補，而祖宗之地又不輕棄，於民生大有裨益。如謂所遷棄之地丁雖少，而禦海之患甚大，臣思設兵原以杜衛封疆，而資戰守。今避海寇侵掠，慮百姓而齎盜糧，不見安攘上策，乃縮地遷民，棄其門戶，而守堂奧。臣未之前聞也。臣撫粵二年有餘，亦未聞海寇大逆侵掠之事。所有者仍是內地被遷逃海之民相聚為盜。今若展其邊界，即此盜亦賣刀買犢耳。舍此不講，徒聚議以求民瘼，皆泛言也。

先是新安奉遷民之流離，甚於他邑。後蒙公疏奏復鄉，邑之民深德公焉，故於公之奏疏特為誌之。

（嘉慶《新安縣志》卷二十二〈藝文志‧奏疏〉）

上宣慰司採珠不便狀

〔元〕張惟寅

惟寅切見，上司委官採撈珠蚌，事有擾民不便者，草茆書生，敢陳管見，伏惟採擇：

廣東廣州府東莞縣媚珠池，前代載籍所不紀，獨宋大學士陳均著《宋朝編年》載"宋趙太祖開寶五年五月，廢媚川都"一事。附註云："劉鋹於海門鎮，募兵能採珠者三千人，號媚川都，歲溺死甚眾，至是罷之。"愚按：五代時，偽南漢主劉鋹據廣州。趙太祖開寶四年二月，令將潘美克廣州，降劉鋹。至開寶五年五月，即廢劉鋹所置媚川都。趙太祖非不知珠之為寶，誠以蠹國害民之事，罷之不可速也。五代之所謂都，即今日之所謂軍翼也。善沒水者皆採珠，何必置三千兵於此，驅人於死地？不得不以軍法從事也。

夫珠生於蚌，深在數十丈水中。珠之所聚，必有水怪、惡魚以護之。取之之法，引石縋人而下，欲其沒水疾也。沒水者採撈蚌蛤，或得與不得，而氣欲絕者，即掣動其繩。舟中之人疾引而出之，稍遲則沒水，七竅流血而死。或值惡魚、水怪，必為所噬，無所迴避，而況剖蚌逾百十，得珠僅一二乎！且珠池本處蜑蠻，日與珠居，而飢寒襤褸，甚於他處貧民。不採珠以自給者，畏法故也。

近日官司採撈，督勒本處。首目不道，號召蜑蠻，禱神邀福，投牲醪於海，以惑愚民。首目迎合官司之意，自行販賣。愚民一時畏威、嗜利，冒死入水。雖能得珠，豈無死傷？此術可暫施，不可久用。若官司立為定額，歲時採撈，必須盡數拘制蜑蠻，俾其父兄子弟皆就死地，人情豈堪？必相率逃去，官司必責首目以號召不至。首目

123

懼罪，必與俱逃。司官根勾追捕，得而後已。

海門之地，控接諸番，又有深山絕島，如大奚山、大小蕉峒，皆宋時海賊郭八、高登所據巢穴，可以逃命。況疍蠻種類，並係昔時海賊盧循子孫，今皆名為盧亭。獸形敻舌，椎髻裸體，出入波濤，有類水獺，官司莫能徵賦，甚於猺人、山獠。若勾呼稍急，不聚為盜賊，則亡入番邦。此劉鋹所以置三千兵為都翼，以相統攝者，正慮其逃散為患故也。名之曰募之為兵，實驅之死地。故不得不豐給衣食，羈縻其妻子。竊計，一歲採珠之利，不足以償養兵之費也。況蚌蛤含生之物，三百餘年不經採撈，今採僅有獲。採撈數年，蚌蛤必盡。上司又以原撈珠數責辦，其為民害，何可勝言！且珠池去縣二百餘里，窮山極海，蟲蛇惡物，涵淹卵育；毒氣瘴霧，日久發作，人所難居。上司委採撈，多染瘴癘，而百姓勞於供給，往還動經旬日，疲困道路，何以堪命。愚但見其蠹國害民，未見其為利也。宋太祖創業之初，國小民乏，猶能亟罷採珠之役，以活人命；今輿圖廣大，賦入充盈，梯航貢琛，萬物畢至；矧聖明在上，敦行儉約，愛育黎元，屢降恩詔，優恤百姓，減租稅之三分，罷不急之徭役。豈肯捐生民之命，以致無益之貨哉！按：海門珠池，偽劉所採，宋太祖所廢。孰得孰失，較然甚明。若不審其取舍，恐流弊於無窮。敢乞備申上司，早賜革罷，庶存活海濱百姓，幸甚！幸甚！

按：《元史》："延祐六年，罷採珠"，則此狀為功不少矣。

〔明〕知縣喻燭條議　二款

一、革馬差之害。本縣查得：原議均平銀兩，買官馬二十五匹，每匹銀四兩八錢，給里長買馬。遞年新、舊接管，往往差役到縣，不分水陸，俱來討馬，希圖乾折，或四、五錢不等。里長乘機科索，甲首以一取二，民苦科斂之害，本縣實切痛心。即行禁革，立長、短《差簿》二，登記差撥。每遇差役討馬，如無應付，即不發號票；其應付者，亦傳里長牽馬，當堂面發，不許乾折。至於本縣差遣，非係緊公務，不輕撥一馬。長、短輪流差遣，月不過二、三次。在里長無乾折之苦，在甲首無科派之累。

一、革竈鹽之害。本縣查得：沿海居民，類多煎曬鹽斤為活，出境有禁；商販畏盤不來，致鹽堆積，無以聊生。許運至茅洲內港埠頭，兌與水客。此通商、通竈，不可以私論也。往被哨守官兵，以巡緝為由，妄捉局騙，竈苦阻滯之害久矣。江一德等具呈，本縣實切痛心，即行《條議》，責令竈民以後日煎鹽斤，裝內港發賣，許在該場告領照票。哨守官兵驗票放行，不許妄捉騙害，亦不許越入港內搔擾。則鹽利可通，而竈丁之害可免。

〔明〕知縣李元[1]條議　二款

　　一、竈丁之困已甚，冗場之設宜釐。本縣有歸德、東莞二場。除歸德場去縣頗遠，而場近茅洲，商船鱗集，煎出鹽斤，立可發賣。惟東莞場，瀕臨邊海，波濤洶湧，商船罕至。而射利之徒，告承餉埠，勒價賤買，壓使低銀，百般揹害，民困益甚，國課難完。而竈戶既當縣役，又當場役，一身有兩役之苦。竈田既納縣糧，又輸場稅，一田有兩稅之病。老疾鹽丁，永無開除之日；絕戶虛糧，竟無丈豁之時。然此固課額所關，難於請豁。而竈丁原與民丁糧內，派當在官人役；而本場有場當之役，又於課外科派者也。兼之堂食、引頭等費；下程、紙紮等需，猶未易縷指。察其歲徵課銀一千三百三十三兩零有奇，而雜費過之，是皆多此一場之擾耳。何如裁革東莞場，其鹽課、鹽稅，附縣帶徵；將外縣奸商告承之引，歸還土民，聽其納引自便，運往發賣。其於原田、原畝、原稅，務取足於原額一千三百三十兩零者如故，而竈民赴鹽法道，納餉、發引、銷引者如故。惟省其場當、雜費之苦；免其引頭、下程等需，庶於貧竈微有瘳色乎？且省一官，亦省一官之餼廩；革諸役，亦除各役之弊端。而新安之一隅小邑，終日坐閒，不難兼鹽稅而併理者也。

　　一、黃冊之弊區可駭。夫黃冊，關於戶口之生息、糧米之出入。各省各設架閣庫一房，有吏書收管，封而鑰，納之官。乃新安獨無架閣之房，又無架閣之設。察其歷屆黃冊，則十無二、三。房書推之里書，里書推之戶役，新役推之舊役，積玩乃至此。察縣有值堂一房，

1　本字當作"鉉"，有學者認為"元"字是為避康熙諱而改，見張一兵著《嘉慶新安縣志校注》，552-553頁。

毫無責任，惟登記號簿，及跟隨縣官公出已耳。合無以值堂之房，改
為架閣庫，隨以架閣庫役，兼值堂事。庶責任有人，不致委黃冊於無
着，而丁糧藉以有徵。此亦斟酌變通，清釐積弊之一道也。

〔明〕知縣周希曜條議　十四款

一、建台堡以固海疆。照得新安，邑濱東南，枕山帶海，會省之門戶係焉。往往山、海二寇，出沒西北，民甚苦之。今有營兵，棋布星密，雉堞高崇，所恃無恐。然欲得以先聲制敵者，惟銃台耳。尋會南頭寨，議於西門臨海之地，建台一座，俟告成日，請發大銃，安備堵禦。再於陸路西北界蓮花逕築一營堡。俱不費官帑，不科民錢，撥兵輪防。俾鹿豕望壘潛形，鯨鯢聞風息浪。此亦未雨綢繆之一議也。

一、禁詭冒以懲奸徒。照得新安，界連莞、惠，流移雜居，人無定籍。遇有細故，動挹重大事情，冒籍越訴。有原住本縣，而詭稱別邑者；有所告在此，而投匿在彼者。一事數詞，一詞數十人，株連索騙，勾攝靡寧。或被告已出，而原告脫逃。或差犯朋謀，而得詐賣放。經閱數年，案不得結。此等奸宄，輕則破人家，大則殞人命，為毒最甚。合請憲令申飭：凡有冒籍告詞，即詳改批本處審問，不許關提滋擾。庶刁民無所肆其奸，而良善不至受其害。

一、禁擄詐以重人命。照得新安，民多愚頑，偶因小忿，輒自輕生，思行圖賴。刁徒視為奇貨，棍黨乘機煽禍。扛屍打詐，借命擄財，死者之肉未寒，生者之家立破。甚者原告已結，而同姓冒親復控者。又有屍親無言，而旁人假公首發者。指甲為乙，移張作李，纏告不已，身命隨之。此其為害，慘於盜寇。卑職凡准理人命，着令屍親自殮，許地方鄰佑結報，見證的傷，審驗虛實，分別正罪。如有糾合棍黨，圖賴仇家，詐擄財物者，依律究懲，毫不少貸。則民命得免輕生，而詐擄之風塞矣。

一、僉殷實以杜包侵。照得錢糧完欠，在催科者之得法何如耳。

128

新安歲賦不滿二萬，而逋課積有數千。細察其弊，係坐圖通同里排，攬收各戶錢糧，侵欺不納。至事敗露，熬刑代比；其於欠數，仍行追及原戶。此之為害久矣。卑職蒞任，即革圖差，止僉各甲殷實一人，給發糧單一張，督催花戶，分限投納。完者免比，欠者應卯，無勾呼需索之擾，無包侵重追之弊，士民稱便。新舊糧餉，俱如期完輸，已有成效。所有坐圖一差，應請永革，以除民害。

一、禁豪強以惠漁疍。照得新安，一面負山，三面通海，民間以海為田，以魚為活。各業繪埠，各輸課米，無可混也。乃豪有力者，或倚地利之便，或假宦勢之雄；指一海面，捏兩土名；藉此繪門，截彼魚埠；漫圖影佔，罟網混侵。疍戶畏焰返棹，漁民懼禍罷繪。是以海洋之利，悉飽豪右之腹。合請憲檄，曉諭莞、新兩邑諸民，各管各海，各埠各稅。莞民供莞之捕，新民供新之捕，不許勢豪佔冒侵奪，則漁疍細民受惠多矣。

一、復土民以益課餉。照得新安，竈疍各事本業，相濟為生。南頭白石一埠，乃竈民、漁、疍貿易之區，向為奸商壟斷，民遭剝削。於是竈、疍等告承生鹽引二十道，輸課充餉，以杜侵牟，往牒可按。近因課納不前，棍徒乘奪，有李日成者，順德民也，詐冒新安李姓之籍，未經鹽司縣結，突爾預餉承埠，以致商民不調，公私非便。矧預餉者一時之告承課埠者，永世之定額，以隔邑而佔新埠，以民戶而奪竈醝，萬一攘利脫逃，歲課有虧，再徵漁疍，貧民難堪。卑縣洞知其弊，欲為長久計，合無請乞照舊，復僉土著殷實竈民，按其領掣完課。不許隔邑無籍棍徒冒乘攘奪，庶地方安業，而引餉有裨。

一、戢囂爭以安民堵。看得新處一丸，介於兩大；所在利地，多為勢佔。是以福歸鄰邑，禍貽新民，有二大病。一曰爭墟。墟有日中之市，民為覓利之區。往者殺人焚市，案牘經年。無何，釁端復發，聚眾操戈，掠財殺命，而受病者皆新民。一曰爭田。夫田有定主，誰得而攘之？乃豪有力者。或受人投獻，或假造契書，借宦旗號，豎桅霸佔，鳴鑼放銃，統眾搶租。殺傷各佃，亦新民也。嗟嗟！新民何辜，而遭此荼毒也。蓋以業落新邑，而爭者與爭之者，皆屬隔縣紳衿，主持搆釁，莫能攝詰。在職有地方之任，視民有痛癢之關。隱忍長惡，尤而效之。新安之民，無噍類矣！卑縣不避怨嫌，請命嚴禁，併行府刑勾問，衙門訪拿一二首惡，置之法典，使豪強斂戢，爭釁消弭，而新土新民，庶得藉以寧謐耳。

一、懲假哨以衛商漁。看得海上哨船四隻，原奉兵巡道所設，每船總甲一名，散夫二三十名，各給腰牌、印票為照，此真哨也。近有市棍，通同幫差，借一腰牌，邀黨僱船，張旗稱哨，沿海縱橫，撞遇商漁，咆哮嚇詐。船中魚米，任其搬取，稍有阻言，則拿捆打。財物罄捲，罟網盡空，其慘猶甚於寇。昔則肆噬外洋，今則流毒內海。汛兵見其船色難分，不敢向問。商漁以其附器之鼠，畏忌不投。長此，兇惡將安窮乎？合請憲示嚴禁，無論真偽道哨，過汛地，一聽官兵察驗。各夫執有腰牌印票，不得留阻。若止一二腰牌，並無印票，及餘人無牌無票者，俱係假哨，許汛兵擒解正法。通行申飭，遍諭地方，俾奸棍知儆趨避，而商漁均獲衽席之安也。

一、肅軍令以保民生。看得兵以禦盜，哨以衛民。新安海洋一帶，隨地設防，不為不密。乃邇來遊營、總哨，令不振於鯨鯢，眠實同於貓鼠。欲求真正乘風破浪，而荷戈擒寇者，鮮也。不能禦暴，而且串謀土宄、朋奸為暴。事發見告，則又飾詞掩護，巧卸支吾；甚至妄捉商漁，指護船之器為盜仗，坐駕船之伴為同徒。糾棍冒稱失主，羅織以邀哨功，以致盜氛日熾，而民命日危。屢於案牘中閱之，可慨也。合請憲令，申飭各寨遊營、總哨、官兵，遇有警息，會哨夾剿，不得彼此推諉。該汛有劫，即住哨兵之糧；報獲真盜，方許開支。如越月不獲，按日扣貯，以贖失事之罪。敢有指良為盜，擄捉人財，定以軍法從事，毫不少貸。則哨兵咸守紀律，無敢非為，而民命得免雉羅之災。

一、驅外奸以杜內患。看得新之流患在海，而海之隱憂在彝。彝居澳地，立有商市，可無虞矣。然有窟穴於澳中，往來海上，暗通接濟者，則異域奸棍也。異棍多竄身於澳艇以作奸，飄泊半海等山。託名種煙、燒炭，交結土宄，投入厚貨，收買違禁貨物，運售彝地。掠有良家女子，賣與彝人。哨兵以澳艇，不加察明。澳艇以無阻，得恣藏奸，殊可憾也。合請明示，嚴申憲禁，不許遠人私乘澳艇，住泊山海。責令哨兵盤詰，遇獲驅逐回澳。如有私帶人口及禁物等項，即行拏解，治以通彝之罪。使異棍知有所禁，而不踏入。土宄懼有所備，而不闌出。是亦袪奸杜患、安內攘外之一義。

一、清料船以靖海氛。看得盜艘橫行，非假商漁，無能出海；非通經紀，無能作奸。西海之船，有名曰高頭料者，破浪輕快，利於涉險，往往為盜。先年曾經禁阻，海上賴以無虞。邇來法久廢弛，此船復出，倚藉宦家旗帖，執為護身之符；串謀不肖經紀，詐稱醃魚之客。哨兵難詰真偽，商漁罔知提防，屢罹其殃。且一劫揚帆，莫得蹤跡。詢之輿情，誠當禁者。然以諸民強半泛海為業，採捕為生；一方軀命攸關，又所不能禁也。卑縣籌之，惟立法以清之耳。凡有料船醃魚者，許經紀赴縣，報名具結。船戶某，商人某，駕船某某若干人，給印信、合同、串票，僉定出海日期，與該汛哨兵截票，各執一。遇盤詰照驗，對合放行，哨兵不得生事。其船回於何日，亦註票內繳察。此船不過數十隻，逐一出票，稽其出入，則人之奸良，不辨自明。如無票照，即係歹船，該哨立時拏解，盡法究懲。兵役故縱，一體坐罪。海氛其可永靖。

一、編罟甲以塞盜源。看得海洋聚劫，多出疍家。故欲為海上清盜藪，必先於疍家窮盜源。何也？疍艇雜出，鼓棹大洋，朝東夕西，棲泊無定。或十餘艇，或八、九艇，聯合一綜，同罟捕魚，稱為罟朋。每朋則有料船一隻，隨之醃魚。彼船帶米，以濟此疍；各疍得魚，歸之料船。兩相貿易，事誠善也。但料船素行鮮良，忽伺海面商漁隨伴船少，輒糾諸疍，乘間行劫，則是捕魚而反捕貨矣。當事者未嘗不三令五申也。然弭盜之方，總不外於總甲。今議：十船為一甲，立一甲長；三甲為一保，立一保長。無論地僻船稀，零屋獨釣，有無罟朋，大小料船俱要附搭成甲，編成一保，互結報名，自相覺察。按以一犯九坐之條，並繩以朋罟同艐之罪。甲保一嚴，奸船難閃，則盜藪不期清而自清，盜源不期塞而自塞。

一、嚴保甲以安地方。照得保甲之法，疊奉憲牘，不啻三令五申，而地方猶然萑苻未靖，樗蒲成風，豈盡保甲行之不嚴哉。新民大半航海營生，朝東夕西，出入靡定。蓋保甲行之於鄉鎮易，行之於零星之處難；行之於陸地易，行之於海澤之區難。於是釀為盜藪，任其非為，視保甲徒虛文耳。今卑縣設冊力行，親履察編：每十家為一甲，十甲為一保，零星居民，就近附甲。至於海濱有船地方，亦以十船為一甲，三十船立一保。若本地船少，不妨湊派成甲，其保、甲長，俱擇有力量者充之。有警互相救援，有犯互相覺察。各類一冊，報縣存案。每月朔望，各保、甲長具《有無失事結狀》，水陸一體，投文稽核。倘有竊盜及賭博、不法等項事發，必究連坐。如先期出首者，定行獎賞。俾保、甲各知激勸，地方其少寧乎。

一、革陋規以豁行戶。照得舖戶貿易，覓利蠅頭，隸籍當行，悉屬資本。往者魚行歲例答應黃魚，艇戶逐日辦送柴薪。民稱舊規，官不給價。民脂幾何，其能堪乎。卑縣深為軫念，凡日用柴、米、魚、蔬等物，俱發現銀，時價平買，並不票取一粒一絲。各行舖戶答應陋規，一概盡革。商賈樂業，漁樵安生。雖云沾沾小惠，實撫民之一端也。

132

地方諸難

〔明〕周希曜

看得為今日之吏難，為新安今日之吏更難。何也？邑有大小，有腹邊，惟憲台照臨之下，纖微洞悉。茲奉明文，以三難議敍，則新安之稱難者，不得不冒陳焉。

夫新雖蕞爾，實衝山海，為會省門戶。邇年紅彝髐寇，數逼縣城，固雉堞守禦無虞，而鄉村殘落殆盡。迄今安撫，大費心力，誠與上難例合。又壤接惠州，流寓雜處，奸徒竊發。擒剿獻俘，爰書可按也。且鄰近深山大澤，異族竄居出沒。邑既不在腹裏，加以流、土充斥，剿捕甚難。若新邑之賦無多，有籍新安而人民仍居東莞，糧餉累逋，追舊徵新，負嵎隔邑，置若罔聞。如寄籍里排，馬厚、范祥等戶，歲課數百餘兩，積逋不納，拘提不來。如此頑梗，即有巨擘，難為料理。又合中、下之兩難，而併萃於一難也。

且地當省會門戶，冬春兩汛，海憲之出鎮，海防之稽察在焉。一切供億，無編派，無關會，則答應之難。原係因所為城，城中盡是軍丁，仰給於縣，一有愆期，則脫巾見告。加以寨兵棋布，往往魚肉小民，乘機鼓噪。有司稍加繩束，動輒恃眾挾制，則駕馭之難。派東莞五分之一，多有糧在新而戶在莞，族大地遙，遇卯比徵，里長不敢前，圖差不敢問，屢年積逋，則足額之難。邑東北有山皆童，一望憔悴；西南皆海，小民無田可耕。此一萬六千有奇之糧，大半取之竈、畫，而苦為鄰邑之豪強佔奪，奸商承餉，小民啞受賠累。至於舟車輻輳之地，有利可興，又為勢要，豎梐開墟，所在村落，不入排甲，併新邑之人與土而攘之，則生聚之難。四事積穀及四季三分報部，大半取之贖鍰。而下邑有民皆漁，朝討暮食，尚虞不給，何暇入門求勝。旬日審理，不得一件。即欲如數取盈，不知計所從出，則積貯之難。縣無額設夫役，如遇公出村落，氂婦稚子，地方約保，督率而前，奔命應役，頻朴可憐。若泛海往來，必須候風，往不得東南，來不得西北。羈檣中流，動經旬日，則往返之難。此皆於三難之外，而筆所繪之不盡者也。

詳免軍需

〔明〕周希曜

　　看得猺蠻肆逞，致煩興師。奉檄取辦漁鹽之外，又派本縣解米一千五百石。凡屬下吏，誼切同仇，分當供應。第地有腴瘠之別，產有出否之殊。有則舉措易辦，無則巧婦難炊，不得不冒昧以請也。

　　新安地方，西北皆山，東南皆海，小民無田可耕。耕者多屬下則瘠壤，止種薯、芋、蔬、菽為食，中、上則之田無幾。計一歲收穫，不足供數月宿舂。日用之饔飧，全取足於莞邑。如莞渡一日愆期，米價頃刻踴貴。為卑縣之兵若民，亦岌岌乎殆矣。倉貯舊穀一千二百有奇，及新發詳允庫銀買穀二千有奇，皆費幾追呼，而貿自莞邑。倉積一石，民費二石。萬眾嗷嗷稱苦，卑縣目擊惻心。此庫發之銀，尚未能足額，而姑俟之成熟。顧此數千之積貯，留之以備緩急。萬有不測，而莞渡中斷，悲此一邑之蒼赤，兩所之官兵，將盡作溝中瘠。雖然，彈丸之兵、民，其小者也，如門戶之動搖何？為卑縣計生全，為省會之門戶計長久，尚宜寬其徵徭，加意協助，使民不奔命於意外之徵求。而官茲土者，得專精於意中備禦，庶卑縣安而省會亦安。回思近年，劉、李大寇屢次臨城，焚毀殺傷，所不忍聞且見者，其重煩憲台焦思。此臥榻之憂，關係匪細，當不止如猺之犯連已也。事關職掌，徒塵杞憂，不得不仰干憲聰。雖設處運解五百石，此一時權宜之術，恐繼此未能應也。卑縣從地方起見，匪敢諉卸，伏惟詳宥，併祈俯念海衝遠地，以寬後至。

詳減積穀

〔明〕周希曜

照得積穀為今日第一要務，奉功令森嚴，即捐資備貯，亦職所當然，曷敢倡言艱苦。但邑有大小不同，民有疲腴匪一，似難以概論也。本縣並無出產米穀，購售甚艱，遵奉憲定，限歲積一千石，四季分報。自前冬以迄今夏，已積過一千七百五十石。搜諸贖鍰，捐之俸薪，尚不足數，復貸補額，此《季報冊》內，一一可按，無容置喙者。惟是本縣地瘠民窮，田少賦薄。稽之往牒，春夏二季，扣積穀銀二十五兩，解充兵餉。又除秋冬二季內十扣二分，該銀七兩五錢解部。又除協助南、番二縣，與支給庫吏公堂油、燭、紙、紮及囚糧等項，共銀四十兩外，其餘所積，及奉加增穀，歲積共止一百五十石。而今奉歲積一千石矣！計百五十之價，不過三十七兩五錢，而今一千，則有二百五十兩矣。較之舊積，增之十分有九矣。倘額數已滿，後來無積，是前人預蓄後人之儲，而後任者寧補前人之費乎？況本縣審理旬日，不過數件，俱係錢債、土田細事，免供居多，欲將取盈，計無從出。非惟時勢不能，抑亦巧婦難炊也。前之捐貸，儲備者已覺露肘之虞，繼此挖肉補瘡，終非善後之策。昕夕思維，點金無術。合請憲台，察憐濱海重地，邑小民貧，俯賜季積百石，前後接任通融，相積足額。庶無獨累前人，則卑職免曠之愆，而上台亦施恩不朽矣。

〔國朝〕知縣李可成條議興革事宜　八條

一、勸開墾以增國賦。照得新邑久遷乍復，土田荒蕪，闢耕匪易。自析分界外，民居拆毀；茲歸來者，必先謀棲址，方議耕鑿。則編茅積土，未雨之綢繆，當如何告誡耶。一畚一鍤，費幾經營；刈草刪蕪，殊深勞瘁。惰而不前者督之，耕而乏種者給之，雖不克與爾民並耕並作，而日夕之率，俾如共處主伯亞旅之間。自此民間耕穫所及，不論則壤高下，朔望報單，彙核轉繳。當經報墾在案者，九年秋冬，計四百餘頃。然皆得寸則寸，得尺則尺，無匿少為多，及匿多為少者，統俟三年起科。國賦升而恒產復，所謂正德必先厚生，端有賴也。

一、端士習以興教化。照得學校之設，風化攸關。父兄之教不先，子弟之率不謹，不得謂城厥之刺，無關表率者也。新邑遷後，士子寥寥。然先澤之遺，雅多自好。每季試論文，朔望行香，必咨究聖學。先德行而後文藝，大約誡警之思，深於獎勸。蒙學憲頒發《循環門簿》，奉公力行。每升堂，喚學役持《門簿》，立儀門，填註出入姓名。乃士亦浮澆自飭，鮮有投足者。凡公門應卯，作中不許一生與焉，所以防閑者，誠嚴矣。至於賓興大典，新土最寒；卷資之費，捐俸量給。斯又惓惓屬望，相與有成之意。異日者，人文蔚起，禮讓成俗，彬彬鄒魯之風，寧止一邑之幸哉。

一、修城池以資保障。照得新安城池，西南臨海，東北環山。屯門、佛堂，為省會門戶。則沿海設邑，為省會藩籬。守禦在一邑，保障即在全省。崇墉深池，急於他縣。往因遷徙，民人散亡，城垣頹塌。今當展復之會，雖云修葺，實同創興。所謂四門、敵樓，無有也；銃台、窩舖，無有也。雉堞則半傾矣，垣牆則半卸矣，濠溝則盡淤矣。於是鳩工庀材，捐俸之後，繼以典鬻，務使高垣深塹，堅壘可守。至十年八月，颶風傾覆，奉督憲題達，檄行捐修。仍勉措修復如初，並應用銃砲、火藥，咸用整飭，以臨薄海，以壯金湯，藩籬固而堂奧得安枕矣。

一、築台寨以固邊防。照得新邑為省會藩籬，則沿海台寨尤為吃緊。展界之後，奉設邊防。除瞭望台外，西至茅洲、碧頭；南由屯門，東抵大鵬，凡險要處所，額設台寨一十二座。每座周圍牆垣，方圓數十丈，中立官廳，兩廂群房，各用屯兵三、五十名，更番防守。沿海一帶，左右聲援，呼應相接。間有海曲山紆，鄉圍遼闊之處，仍復錯置營盤，星羅棋布。設防之密，無逾於此。其間颶風遭覆，兩奉捐修，營繕之繁，拮据萬狀。壬子秋，屯門告警，一呼而兵民奮擊，渠黨盡俘，皆上台碩畫遠猷，而群策群力，地方賴安，所謂設險以守，民忘其勞者。

一、革火耗以勸輸將。照得賦額一項，起於地畝。民間耕鑿，無論膏腴磽瘠，苟不失農時，皆可以供正賦而贍私家。但恐因循故套，陋規未除；仰或納櫃給票，不行清察。胥吏生奸，民乃耗於追呼，有不給之患。謂為民之頑梗，盍亦省其故乎！新邑久遷，流離之氓，尤宜軫恤。一應納櫃糧銀，俱照藩憲法馬，纖毫無溢。概不容各役人等，額外科求。迄今民樂輸將，雖邊遠都、圖，俱各正身出役，遇卯無樸責之聲，乘時急耕桑之務。悉奉上行，四月完一半，八月全完。解支批領在卷，寬以養之，業有成效。至於衙門一切需用蔬菜等物，俱平價現給，並無行戶承值。斯皆遵憲檄、守官箴，非有創行其意，無悖於所施而已。

一、禁包當以清里役。照得闔縣里役，各都殷實者輪當。凡有產之家，遞年互相催管。是則彼此俱有關會，各有身家，孰不知錢糧為重，孰無急公終事之心。惟有等遊蕩無籍之徒，或胥吏在官之役，習於鑽營，不顧身命。愚民無知，每聽煽惑。一受包攬，任意兜侵。迄乎敗露，監比既不能前，逃竄亦所時有，終無補於國課也。今於承役之始，確點里長正身的名；當役各色人等，概不容私相頂替。至於催辦之時，有甲戶頑欠者，仍許指稟赴比，各遵完納。責有攸歸，歲課早輸，農工不擾，物力亦覺其充裕矣。

一、嚴保甲以稽奸宄。照得保甲之設，奉行已久，第行之不力，以致弊竇叢生。與其懲罰於後，何如嚴飭於先。今編立十家為甲，十甲為保，仍令公報殷實有德望者為保長。其設立十家牌，俱各註明人口、生計，保長不時巡查。如有窩盜賭博，許即奔報，立行拏究。倘遇地方有警，聯絡救護，以壯聲援。每朔望，保長赴縣，遞有無失事甘結，以憑查核。其有奉發撫目、撫丁，安插該鄉者，亦着編列入冊，時相鈐束，導以自新。務使閭閻赤子，知重本業，匪僻不生。即有躍冶之徒，馴致日久，革心向化，淳龐之俗，庶幾望之。

一、戢刁以安善良。照得聽訟之道，期於無訟。然不察其致訟之由，力行芟除，滋蔓難圖矣。狡獪之徒，飛殃流毒，或揑名誣投，或越訴勾攝。迄乎提審，匿影逋逃，株累無辜。牽連逮繫，累月經年，積案不結，以致家破身亡，顛連萬狀。而狡獪者，猶復在旁關說，恣其魚肉，殊可痛恨。自此不論大小詞訟，一字涉虛，必深究詰。凡誣告、匿名越訴等項，查果刁訟之人，立拏正法。其有假命圖詐，抑或藉勢朋奸，務立審實，與以應得之罪。邇來僉壬迸跡，良善獲安，囹圄空虛，桁楊不設。雖遷復殘黎，率多向義，而剪除亦不遺餘力焉。

（嘉慶《新安縣志》卷二十二〈藝文志‧條議〉）

杯渡山紀略

蔣之奇

《廣州圖經》：杯渡山在屯門界，三百八十里。舊傳有杯渡師來此。《高僧傳》云：“宋元嘉時，杯渡常來，赴齊諧家，後辭去，云：『貧道去交廣之間』。”退之詩云：“屯門雖云高，亦應波浪沒。”所謂屯門者，即杯渡山也。舊有軍寨在北之麓。今捕盜廨之東，有偽劉大寶十二年己巳歲二月十八日《漢封瑞應山勒碑》在焉。榜文刻：漢乾和十一年歲次甲寅，開翊衛指揮同知、屯門鎮檢點防遏右靖海都巡陳巡命工鐫杯渡禪師像供養。杯渡事，余已刪定著於篇。劉漢大寶己巳至今元祐己巳，蓋一百二十一年矣，事之顯晦有時哉。昔余讀李白〈南陵隱靜詩〉“岩種郎公橘，門深杯渡松。”以為杯渡跡見江淮間，不知又應現交廣云。為賦之曰：

> 吾聞杯渡師，常來交廣間。
>
> 至今東莞縣，猶有杯渡山。
>
> 茲山在屯門，相望橫木灣。
>
> 往昔韓湘〔潮〕州，賦詩壯險艱。
>
> 颶風真可畏，波浪沒峰巒。
>
> 偽劉昔營軍，攘摽防叓蠻。
>
> 鐫碑封瑞應，蘚痕半爛斑。
>
> 南邦及福地，達摩初結緣。
>
> 靈機契震旦，乘航下西天。
>
> 長江一葦過，蔥嶠隻履還。
>
> 渡也益復奇，一杯當乘船。

大風忽怒作，巨浪高勝掀。

須臾到彼岸，疊足自安然。

擲杯入青雲，不見三四年。

安得荷蘆圖，相從救急患。

累跡巨浪側，真風杳難攀。

鯨波豈小患，浮游如等閒。

仰止路行人，不辭行路難。

（康熙《新安縣志》卷十二〈藝文志〉）

都憲汪公遺愛祠記

陳文輔 五羊人、評事

周文王分命召伯，循行南國，以布新政。其後人思其德，即其所嘗舍止之樹而愛慕之，遂作〈甘棠〉之詩。漢于公為廷尉，決獄平反；石慶為齊相，齊國大治；其後皆生立祠像而思慕之。今都憲汪公遺愛堂之建，亦猶行古之道也。公在任時，廣之海隅，民無老少，被德而荷功者，皆議立生祠以報之。公聞，不許。暨公升任在朝，去廣遠，民思愈切，恐無以記公之功德者，乃謀立以志不忘。僉以鄉耆鄭志銳、吳瑗、鄭柔、龍驥等，素服鄉評，推讓出名，呈舉當道，可之。遂以舊廢鄉校，聿修祠宇，民始得伸其所願。是舉也，上非好名，下非好佞，秉彝好德之良在，匹夫、匹婦不忘也。嗚呼！德之在人者淺劣，則久而易忘。功之在世者菲薄，則遠而莫知。今公之在廣，其功德深矣，厚矣！不惟感人，且以占諸天。《書》曰："惟德動天，惟天眷德。"

初，公以京職任廣憲。嶺之西、南，公分治之。時西土德教不服，乃用兵革，而民賴存活者，以萬萬計。嶺南會天旱，公甚憂之，暨籲請，甘雨遂降，三農沾足。非德動天而何及！

夫皇天眷德，隨以璽書，專管海道。海多倭寇，且通諸番。瀕海之患，莫東莞為最。海之關隘，實在屯門澳口，而南頭則切近之。成化三十三年，佔城古來來奔，邊釁遂開，而番舶相繼擾攘。近於正德改元，忽有不隸貢數，號為佛朗機者，與諸狡猾湊雜屯門、葵涌等處海澳。設立營寨，大造火銃，為攻戰具。佔據海島，殺人搶船，勢甚猖獗。虎視海隅，志在吞併。圖形立石，管豁諸番。膾炙生人，以充常食。民甚苦之。眾口嗷嗷，俱欲避地，以圖存活。棄其墳墓室廬，又極悽惋。

事聞於公，赫然震怒。命將出師，親臨敵所，冒犯矢石，劬勞萬狀。至於運籌帷幄，決勝千里，召募海舟，指授方略，皆有成算。諸番舶大而難動，欲舉必賴風帆。時南風急甚，公命刷賊敵舟，多載枯柴、燥荻，灌以脂膏，因風縱火，舶及火舟，通被焚溺。命眾鼓譟而登，遂大勝之，無子遺。是役也，於正德辛巳出師，至嘉靖壬午凱還。師行而秋毫不犯，於賊舟獲有囊橐，來公所者，公悉以頒賞有功，一無所預。功成，公且推讓，辭曰：「軍旅之事，皆軍士之功也，吾何與焉！」捷聞，擢升廉憲，繼升江西方伯，尋授節鉞，總督南韶。天降甘露於治所，召入內台。嗚呼，噫嘻！惟公之德、之功，足以動天地，感鬼神。其始也，甘露應禱其中也，甘露時降，天人感應，信不誣矣。今吾廣人，雖閭里嗇夫，無不稱快。南頭之民，私相語曰：「吾屬非公，幾左衽矣！」又嘗指其童稚而言曰：「若輩非公救拔，皆葬彝腹久矣！」是知公膾炙人口，溥且厚矣，民容能忘乎？祠成，鄭志銳等狀予以干記。予不敏，不足敷揚公之偉績，姑記其行師救民之一節云。

重建汪公生祠記

祁敕 進士

　　太子太保、兵部尚書兼都察院右都御史、婺源汪公，舊嘗為廣東按察司副使，功德在民，既去而思之不置。乃即南頭鄉社學舊址，治垣屋，為公生祠。嘉靖辛卯，東莞縣尹林岊、少尹王夔，以公事至南頭，顧瞻祠宇，謂弗稱，乃撤而更之。前堂後寢，重門列廡，煥然一新。工訖，邑庠翟中立、鄉耆鄭志銳、吳瑗，謂敕受知於公，俾記其成。中立曰："屯門舊為番舶所萃，正德丁丑，西番佛朗機假以修貢，擾我邊圉，狼狠蜂毒，實繁有徒。掠嬰孺，屠以為膳，聞者惴惻。公時奉璽書，治海道，乃召瀕海之民，激以大義，雷擊飆掃，靡有孑遺，民得安堵。"志銳曰："公為統制，不事威刑。士有死事者，厚恤其家。所俘獲，悉以賚下，秋毫無私。"瑗曰："屯門臨不測之海，風濤險惡，寇恃火砲為長技，虐焰張甚。士或憚行，公毅然身率之。又嘗倣古法為戰船，百槳齊發，攻無堅陣。"中立曰："公之禦寇，為人之所難為；然戰勝，輒推以予下，曰：此將校之力。"志銳曰："公去廣將十年，海寇橫發，官兵屢征弗克。民不聊生，相率望生祠而泣曰：使公而在，至此極乎！"敕乃敘而論之曰：

　　自古豪傑之士，匡世濟民，流聲實於百襈，其材略之偉，謨畫之周，卓乎不可及也。然究其本，必由於忠義之性充盛，固結於中。是以臨事奮發，而功績用成也。昔謝安淮淝之捷，南軒張子稱其誠與才合。富鄭公折強敵而奪之氣，李燾謂觀便殿奏對數語，預知使事之有成。若二子者，可謂善論豪傑者歟。公以儒發身戎務，若非素習，一旦挺身行陣，摧數百年未睹之強寇，豈偶然者哉。公生平忠義自許，剔歷中外，始終一節；既而遭際聖明，掌內台，領本兵。上之任公益重，而公之圖報者益深。間嘗從容語敕曰：「鋐受明主不世之遇，期捐軀以報，不知其他。」嗟乎！觀公此言，則所以殄寇安民，而永令譽者，具得而知已。今世之尸素玩愒，僨事病民者，豈皆材力不逮哉？愛國之念，不勝其全軀保妻子之心，臨小變輒持兩端，以俟成敗，庸有濟乎？觀於公，而知古今豪傑，異世同符矣。攘彝安下，正也。一物不私，介也。優養戰士，惠也。推功將校，讓也。相機制勝，略也。正以立事，介以禔身，惠以勸能，讓以和眾，略以應變，茲固戰功所由成。抑所致此者，又在公忠義之盛。當妖氛卒起，孤軍力支，外無強援，內虞瘴癘。使公以生死禍福為念，將疑懼之不暇，能建此偉績耶？故敕謂公成功有本，不誣也。公任廣憲逾十年，有事於南頭，僅數月耳。昔人於名賢所蒞之地，雖襜帷暫駐，猶且思之，矧親被生成安集之恩者乎？宜邦之人建祠致敬，不能自已也。後之宦吾鄉者，覽結構而興仰止，慨然以公心為心，知有國而不知有家，知生民之休戚，而不知有身之利害。其於天下國家也，尚庶幾乎！是役也，工費出於林尹，而少尹實勷成之。耆民鄭志銳、吳瑗、吳祐、龍驤、鄭柔輩，皆與有勞，法宜得書。

新安經始記

何維柏 南海人、尚書

隆慶壬申夏，巡海仁山劉公還自海上，過余，述南頭父老吳祚等語，曰："吾儕老且死，獨子孫世淪鬱陷，何由見天日！"號籲伏地，請建縣治，以圖保障。予曰："公何不力任，以綏厥蒸民？"公謂建置事重，惟議添一丞，少對眾望。予曰："南頭設海防郡貳，與守備彈壓茲土，尚不能為小人依附，何有於丞？若建邑，則職專宰牧，責重拊循，約束強悍不得肆其惡，比聯良弱有所恃以生。東莞為藩籬，會省為門戶，輯邇控遠，安內攘外，一舉而眾善得矣。昔與制府劉公、吳公創議首此，今在鎮殷公亦言之備。"公入，以予言探之。翌日，公以添丞上詳，因以予言質殷公。殷公曰："彼中父老若何？"公曰："萬口同詞，惟願立縣。"殷公曰："何公素不苟於言，父老且宜之。宜以建縣請令。"更詳入，殷公核下，即疏馳請，奉部覆允，名為"新安"。因舊城以為固，輯軍民以為居。肇創邑堂學宮，諸所經營，次第就緒。公過予，稽首曰："新安邑治，不侫承矩，迪乃有今。茲敢冀名言，以記始事。"予拜諾。甲戌秋，公晉貳冏卿，行，復申請業揮稿。時新令倥傯未遑。冬，予應召北上，戊寅歲始歸，時公已辭世。追夙議，每新安士友，言屬視篆輒代，念不及此，竟落莫負公委。丙戌歲冬，林子培過山中，語乃慨然。因會吳子國光，貽書令尹邱侯。侯即與盧學諭一松，譚司訓一陽，遣諸生葉大霖、吳國正，奉書幣敦請。予念：茲土在漢，隸南海郡；歷晉而隋，或郡或縣，舊名寶安；唐移到涌，為東莞縣；明洪武間，城舊郡地，為守禦千戶所。南控溟渤，東西諸路，悍商番泊翔帆，日千里可至，誠嶺海重鎮。往昔經略

146

疏闊，漫無防守，大都以漁樵耕種為事。而海寇負險嘯聚，為內境患，不啻數十年間。今萬姓有所利，賴耕鑿魚販，得自食其力，以享室家之樂。島外小醜，徘徊海壖，莫敢窺伺。海不揚波，境內咸藉康毗。芟彝就坦，化梗為良。曩時驍悍干盾之區，率為詩書弦歌之習。士子嗜學，績文裒然。為舉首策，南宮上第諸所。敬業席珍，以需清廟之用，蓋將埒東邑而上之。是舉也，兩廣制府殷公定其議，侍御楊公、藩臬司府協其謨，海防貳守周冕、東莞令尹董裕綜其務。而決斷力成之者，則仁山公也。概邑士民，莫不追慕公德。今復得邱侯加意率育，俾予得紀公事蹟，以不爽幽明之誼。成美貞教，日進無疆，用備記之，以貽來者。

海道劉公去思記

陳紹儒 南海人、尚書

　　隆慶壬申，建設新安縣。其時創議者，南冏卿仁山劉公也。新安民思而祠之。思者三：以徵輸訟獄者，地之近，貸詐無以私也，謂之仁。以設險簡戎者，詰之便，奸宄由以寢也，謂之忠。以曠謀旦舉者，任之力，陳修獲以遂也，謂之斷。斷則民僳志而懷，忠則民感激而興，仁則民樂利而悅。吁嗟！城曹城謝，城韓城朔，詩人詠之。今因所城而城新安，費罔財傷，役匪民勞，此劉公之仁，見於節愛者也。吁嗟！昔一鹽都尉，一東莞場，漢隸番禺，晉、宋、梁、陳，或郡或邑，或析或徙，偏霸之經營，何紛紛也。唐、宋定縣，今復因之。洪圖兼荊揚，裔土而南，東莞其門戶，新安其重關，生聚教誨，禦固而誰何者，此劉公之忠，見於圖全者也。吁嗟！公行部之言曰：“周民獻數，王拜受之；歲審登耗，以祈蕃殖；嗟爾官民，井牧留屯；以熙以恬，遊民順軌，建設其長利哉。”此劉公之斷，見於慮終者也。昔宋程師孟治廣六年，創築西城十二里。交寇邕州，覘罔東下。無何，召判三班院。去之日，廣人立生祠焉。今觀劉公，異代而同功也，民思而祠之也固宜。祠楹門廡別有記。劉公諱穩，字朝重，別號仁山，楚之鄞縣人，丙辰進士，前廣東海道憲副云。其銘曰：

　　翼翼新邑，遙遙邊城。

　　瘴雨蠻煙，醜彝遊魂。

　　云誰之愆，瘁止靡寧。

　　伊昔戍圍，今列王封。

　　三市攸分，百里攸同。

月明刁斗，衷思融融。

維藩維垣，南徼之瀕。

提封井井，嘉謀載陳。

帝命褒之，爰召之賓。

分疆控遠，公則猷之。

清風穆如，高祠巋而。

民之攸思，與海流思。

海道劉公祠租記

吳國光 邑人、解元

　　新安，東莞故壤也。舊去縣治一百餘里，川塗修險，民之稅者、役者及訟者，咸苦之。正德間，伏闕請析縣，弗就。隆慶壬申，海道副使劉公以戎事來，惻念民隱，慨然有分邑之議。達於兩院，疏請於朝，遂即東莞所邑焉。維時邑侯吳公奉命宰邑事，區畫營建，百度聿新。萬曆甲戌，劉公復至，進侯商榷時政，敷文布澤，植法剔弊。賢愚老稚，靡不佩德熙化，冀公久蒞茲土。亡何，劉公擢太僕貳卿。行，邑民相語太息，若失慈母。謀祠劉公，詣侯以請。侯曰："禮，凡有功德在汝民，必宜祠焉。"乃率吳祚等，度地建祠，且捐俸助之。數月，祠成，侯又曰："祠貴祀也，曷以祀？祀貴永也，曷以永？"時邑民困船役，鮮置船。侯令民置樵船一十舵，蠲其役，歲各量入租以備祠用。仍定春秋二祀，縣實舉焉。於戲！侯之心，民之心也。民之去思，越世如在，侯力也，則民又何以報侯哉？

初修新安志序

邱體乾

新安，在晉為東官郡，迨隋而唐，改郡而縣，又改而東莞矣。此地懸隔，外警時至。國初壘城、設所，以守海徼。巡以憲副，防以貳守，駐紮參總。蓋地關通省門戶，誠重之，尚未縣也。縣自萬曆改元始。縣矣，未記也。仁山劉公請於何宗伯，不佞又竟若請，鑴之石。記矣，未志也。夫邑有土地，令則經之；邑有人民，令則理之；邑有鬼神，令則事之。以土毛，則賦之；以俊傑，則揚之；以風俗，則齊之；形勝要害，則守之；奸宄外警，則糾之、扞之。非志，將安所紀載，以彰往考來哉！因謀之學博盧君、譚君及鄉縉紳先生、弟子員，又訪之鄉耆、達民，僉曰：“有縣十五年矣，今弗志，慮時益久，往績益湮，稽考益艱。”不佞惕然罔敢緩，捐俸供若費，屬二師以董修纂，延縉紳先生以司總裁，掄士弟子以專採輯。上稽天文，下考地理，中紀人事。志其山川封域，明疆理也；志其物產風俗，同習尚也；志其文武秩官，嚴職守也；志其官署黌序，資治教也；志其壇壝祠額，崇禮祀也。田賦有志，邦計重矣；禮樂有志，教化隆矣；兵刑有志，糾禦賴矣；選舉有志，俊髦登矣；人物有志，仰止勤矣；文藝有志，述作昭矣。以至方外、寇盜、災異之類，兼志焉，以存故實、備稽考也。此其大概也。若夫文直而事核，義精而例明，美刺筆削，不阿不浮，祖麟經，宗古史，懲前憲後，則秉筆者之良也。不佞備員茲邑，謀厥始，樂觀厥成，序之如此。

初修新安志序

陳果 主事、邑人

　　邑志，蓋國史之遺，用以彰往鑒來也。《晉紀》賦，《楚紀》惡，吳、越、楚、漢之記，繫以《春秋》，法戒嚴矣。寶安，故海邦，代有文獻。自縣徙到涌，聲教頗逖，而載筆者往往擯之方外，湮滅無傳。予壯歲，與諸耆雋首議，始復縣治焉。邑侯邱公始修志，以敍屬不佞。予惟古者，列國有史，劉氏三等，以褒善貶惡，不畏強禦為上。子長號良史，僅以"不虛美，不隱惡"擅稱。史之概可觀已。寶安縣治久廢，民漸跛僻。以東家薄尼父，則鄉評不足據；以摑翁詆五倫，則耳學不足憑。岩處奇士，中清中權。猥以放廢，黜則隱逸。獨行者無所表於世；而雄行氣使，反以浮瑣傳聲。自非越拘攣之見，總域中之權，而欲定是非，昭實錄，難矣。抑又有難焉。今寓內井彌雖殊，文獻咸在。品隲者按故籍而去取之，易耳。新安未有志，而俗之好惡，又毫不可徇。苟徒雌黃信之，齒頰袞鉞，任其胸臆，何以附《春秋》筆削之義？茲志也，因《莞志》之舊而損益綜核，非徇俗任私，漫然苟非者。予喜其成，故因邑大夫之請，遂書之。

重修新安志序

李元[2] 知縣

　　神廟時，海宇恬熙，唐虞不多讓。自天啟間，權璫播虐，寇盜蹂躪，世局一變。郡邑之間，多所更易。今上勵精圖治，凡經制，悉返祖憲之舊，詔取天下州、郡、縣志，此其意將舉海內之川原疆理，悉收目中。探煩簡，窺利病，以大有造於元元也。新邑以海島孤城，為穗省門戶，虎頭雄壯，杯渡靈奇，於以屏粵東，翰侯國，寧無當旅齣一注目乎！即邇者兵民交困魚鹽，寧無當宸衷一注念乎！乃自建治十五載，臨川邱公始操筆而紀其概。雖星纏輿次，錢穀兵刑，民風文物，無不備載。然迄今五十餘年，其間風景頓殊，規制遞更。以文物則漸開，以善政則遞起，又皆前志之所未載。如喻令燭六事議行，民至今賴之，可不亟書之，以垂有永乎！陳令穀百凡強敏，民亦至今思之，可不表之，以示不忘乎！則名宦之不可湮沒也。又如陳穉老，孝友推首善矣，既已碑之口，何不勒之篇也。如陳儀老，廉明稱能仕矣，既以光之國，何不揚之籍也。則又名賢之不可失傳也。諸如此類，是皆不得以五十年後之勝事芳蹤，坐漏於五十年前之舊帙荒編也。余於是捐俸，謀之兩學蔡、李二公，集雅博庠友梁棟明等，訪故老，收稗說，折衷而復志之。倘異時聖天子有詔，取之以附史館之編集，則可藉手以獻。至於詢厥利病，按茲志而遞為興革，造福新安，以返於神廟之初，吾知後來諸公，具有同心也。

2　參見 126 頁注 1。

七、藝文

重修新安志序　崇禎十六年

周希曜 宛陵人，知縣

甚矣，治新難也。地處極炎，堞憑巨浸。縱驕語規天條地，未易語保障撫綏也。況夫介冑文墨之齟齬，磽確斥鹵之紛徵，庠序之曲謹，土著之懦頑，奸宄之盤踞。前人與以因循，則恬然安堵；議改弦易轍，殊費支吾。遠邇詫謂不祥，嗟嗟，非常之原，黎民懼焉。齊魯去王化未遠，揆其所至，尚宜用變，況今日濱海邾莒乎！革乃得新，甚矣，難言也。雖然，不難也。厥俗樸遫，風氣未漓，士恥為躍冶，民亦寡所漸濡。還其生聚，予以聰明。今慧者向道，黠者革心，愿者奉公，相戒無錯，趾邀天幸。五日風，十日雨，政成，民和，物阜，非余之力也。然而不難也，分野、輿圖、形勝，天造地設，雖有神聖，不過因之。而調燮疆理以生，無能別議更張也。事關國計民依，安內禦外，如理賦、治兵，事之大者也。派分莞邑，賦有成額，中間飛灑，橫徵影射，棼如蝟毛。余以單肩，苦口禿筆，時用曉譬，時用誅鋤。俾生計不替，高曾分數，如判淄素。鼓舞輸將，若不知為功令之煩。往歲，海氛屢薄，門戶動搖，聯絡無恙。龍躍之捷，眾心成城，余得藉以敘最，而地方不知寇盜之警。非民愚於身家也，知有君上、親長，故不知有輸將、寇盜。孔子曰："可使由，不可使知。"其此之謂乎？三年以來，予志之已竟者，此也。若夫撤召募以安民生，遷學校以作士氣，革乃得新，尚餘未竟之緒。加我數年，手口尚勁，有此志，不虞無此事。即不然，持此一編，以正告後世，必有同志之人。功令方新，經營甫定，舉而厝之，裕如已。一時共事，如楚隨學博萬君大弧，乃諸生梁生棟明、鄧生良玉等，皆同志聲氣好友，於此編籍有烈光。孝子慈孫，謹護其籍可也。是為序。

重修新安縣志序

李可成

今夫邑之有志，所以備文獻，資掌故，供輶軒之采。雖海隅日出之邦，莫非王土，莫不星纏輿次。錢穀兵刑，悉凜正朔。其地之文物聲華，民風習尚，與夫氣候物產，無不可按籍而考。然作者每於編次，多所取資，以為天祿石渠之藏，二酉三篋之富，紀繁誌博，於是乎取之而非也。以為遵守成憲，規畫井疆，懷柔服遠，於是乎取之似也。亦未盡也。志之大者，風俗之淳澆，治政之沿革，貴乎因時制宜，酌損益之，而不格於所嚮。志者，治也，如理琴瑟然，有不調必變而更張之，所以轉移風化之權於是乎在。是故由郡縣達省會，由省會達京師，一邑之志成，而天下之志以成。抑自畿甸迄侯尉，自侯尉迄要荒，首善之志一，而萬邦之志皆一。非志之一得，所以轉移者，互鄉從闕里之風，樊丐被岐周之化。治一而志，無不一也。如新邑者，由東莞割分，其舊志猶有存者，不具論。自一遷再遷，復併於莞，則志隸於莞；復析為新，則志隸於新。今日之星野、輿圖，依然如故。其間一去一留，戶口之消息，錢穀之盈縮，庶政之廢興，文物民風之衰颯而待振舉，不得不釐而訂之。其所藉轉移者，益不容緩。知縣可成於復邑之次歲，庚戌秋，承乏於斯。計遷而復幾十載矣，老幼委溝壑，壯者散四方。每登高一望，荒草頹垣，即欲聞澤雁之鳴，杳不可得，豈無孑遺？雖加意招徠，顛沛難存也。於是資之牛種，辟萊開疆；教以鳩居，於茅撤土。蓋越一歲，而歸來僅有者。又越一歲，而歸來少有者。維時縣治久墟，無內外防。每朔望，集一二遺黎，勗以耕鑿，荒土立談，未嘗不相對歔欷泣下。蓋手口荼苦，官與民均在況瘁中。尤可慮者，孤城臨海，面接大洋。佛堂門為全粵門戶，崔苻未靖，伏莽多虞。苟非外禦，何以內寧。爰諏爰度，凡城垣、縣治、台寨、營盤，靡不捐資修葺，以捍外侮。於時庶政，可次第舉也。升田賦，井疆拓矣；興教化，弦誦起矣；崇禋祝，人神和矣；飭防禦，守望嚴矣。古人生聚教養，需二十年。若此，特統言成效，斷未有一日不兼用者。辛亥秋八月，颶風為災，飛石拔木，城台、署舍傾圮一空。官民又復露處，淒其萬狀。奉上台疏奏捐修，勉措補救，竣工在即。此供職者之怨，致天譴，告夙夜敬修者在茲矣。壬子秋九月，蠢茲突犯。屯門之役，誓眾撲滅。獻俘者，七十餘徒。皆上台德威，諸下用命，亦足見向義知方之明驗矣。然則新邑之治，猶洪荒草昧，風氣漸開。今者歲時肇和，追呼毋擾，勤耕織，樂輸將，奉教令，民性不甚相遠。漸摩之久，禮樂教化，翕然向風，亦可告政成而報績也。雖偏隅一邑，界在海濱，而輯玉頒符，來向萬國。爰命太史，采風陳詩，勒成一書，昭茲來許。所謂治一而志亦一者，非耶？《詩》曰：“聿求厥寧，聿觀厥成。”《記》曰：“觀於鄉而知王道之易。” 又曰：“移風易俗，天下皆寧。” 轉移之權，於是乎在，可不慎哉？

重修新安縣志序　康熙戊辰

靳文謨 邑令，進士

《夏書・禹貢》、《周禮・職方》、《漢・地理志》，九有之大，間嘗於斗室榻前；按籍而考，儼然在指顧間。今皇帝聲教四訖，光天之下，莫非王土。校讎前代文獻，多未及備。故十餘年來，纂修通志、進繪輿圖之詔，後先頻頒，所以正從前之闕疑，維新耳目於一統，將軼《漢・地理志》而上之，與《禹貢》、《職方》並垂不朽。故由天下而省，由省而郡、而邑，脫一事、一物、一泉、一石，網羅未極其精詳，皆有負聖天子修明之盛典。藐茲小吏，濫膺民社，敢不夙夜祗承，時加補輯，而屑屑以錢穀簿書為能事哉！

新安，彈丸小邑也。然佛堂門諸險，砥柱大洋，較虎門尤為扼塞。景炎駐蹕，忠義之苗裔多流寓焉。若大奚名勝，魚鹽物產，未易更僕數。東北與東莞，及循州之歸善、博羅，相錯犬牙。海西南向，遙連香山、澳門，實與省會相輔車。從莞未析之先，《莞志》亦新志也。

萬曆初剖符，至崇禎癸未，志亦至再而三。迨壬子歲，前縣李可成，會奉明詔，曾續編之，迄於今不過十有六年。而天時人事、廢棄興復，又不知幾經更變矣。矧前人之紀載，安能無遺誤於其間？蒙各憲急符催修，歷有年所。先以新舊交替，未遑告竣。謨承乏斯土，猶怠忽以從事，其如職守何？爰議：延博識名流，廣蒐旁及；更自手加精核，援古證今，續後承前。十餘年來之文獻，於此而一新。

粵稽《漢・地理志》，政治風尚、奢儉緩急，悉載之。《周禮・職方》詳及山藪川原、男女畜擾之故。而《禹貢》墳壤廣斥、田賦貞錯，以至鹽絺漆絲，篠簜籠楛，齒革璣組，無不畢紀。新邑雖彈丸，何莫非本其遺意而竊之歟？雖然，海堧孤城，展界未久，而四顧徘徊，荒煙蔓草，依稀如故。且文物聲華，尚爾有待，徒令海若山靈，笑其冷落。即欲大書特書，侈張潤飾，正苦無下筆處。若夫生聚教訓，加意維持，以移易其風俗，或煥然而改觀。惟二三同事，與彼都人士，共相勉於有成云爾。

（嘉慶《新安縣志》卷二十三〈藝文志·記序〉）

阮元序

　　新安，漢博羅縣地。晉咸和六年置東官郡，治寶安縣。隋廢郡，屬南海。唐至德二年，改名東莞。明萬曆元年，析東莞，置新安縣。國初省入東莞，康熙八年復置。當分析時，縣境與東莞犬牙繡錯，其四至八到，舊志不能核實。廣東沿海州縣，皆抵海而止；唯新安一縣，口洋島嶼，下有居民，與他所不同。管轄市墟，又有土著、客籍之分，舊志亦略而不著。此縣志所以當重為編輯也。我朝重熙累洽，政教覃敷，舉凡經政、海防、風俗、人物，久道化成，日新月盛，而記載闕如，非守土者之責歟？昔者昌黎至始興，即索圖經；朱子守南康，先徵郡志，豈非為政者之先務乎？

　　元蒙恩節制兩粵，有重修《廣東通志》之設。於是新安舒令懋官與邑之紳士，重緝縣志，聘西江王明經崇熙為總纂。書成，繕寫呈閱。是志於疆域、道里、土客、戶籍，以及山川、人物，瞭如指掌，校之舊志蓋詳焉。李吉甫《元和郡縣志》序云：“古今言地理者凡數千家，尚古遠者，或搜古而略今；採謠俗者，多傳疑而失實。”斯編酌古徵今，繁簡有法，可免於吉甫之詆訶矣。

　　賜進士出身、誥受光祿大夫、太子少保、兵部尚書兼都察院右都御史、總督兩廣等處地方提督軍務、兼理、糧餉加三級儀徵阮元序。

　　　　　　　　　　　　　　　　　　（嘉慶《新安縣志》〈阮元序〉）

盧元偉序

　　嘉慶二十有三年春，宮保阮節帥設局，修《粵東省志》，命余總司其事。於是討軼蒐遺，各府、州、縣志悉取而寓目焉。新安舒大令適以所輯《續新安縣志》示余。紬繹數遍，竊訝其分門詳晰，取義謹嚴，迥超凡手。夫志者，與史書相表裏者也。省志既舉其綱，邑志乃詳其目。凡制度之沿革，人材之登進以及忠孝廉節之代興，皆宜隨時增收以資考核。若歷久不加編輯，則文獻無徵，觀感無自，所關非細。然則舉廢修墜，其亦守土者之責歟。新安分自東莞，晉時曾建為郡，領海壖諸邑。宋齊時為保安軍，《明史・地理志》註："新安本東莞守禦所，萬曆元年乃置為縣。"我朝文教覃敷，薄海內外，咸隸版圖。《一統志》所載，新安初省入東莞，康熙八年復置為縣，隸廣州。邑雖彈丸，山海錯峙，民疍雜居，實沿海之要區也。舊志修於康熙戊辰，迄今已百餘年矣。舒君適宰斯土，慈惠之師，催科不事，甫下車，即留心邑志。暇則親履四境，延訪故老。而同鄉王明經崇熙，時適遊斯地，因延聘總纂，相與考訂潤色。凡山川之扼塞，財賦之盈虛，戶口之登耗，莫不臚舉備陳，使覽者如指諸掌。舊志體例既乖，采訪未實。如〈沿革〉為全書綱領，舊志僅附地理；〈海防〉為嶺表要務，舊志不列專條。況邑之疆域，東至三管筆海，西至礬石海，南至担杆山，沙水浩漫，番彝出沒，極為險要。新志皆繪圖列考，八到分明。復為附籍客民，詳其氏族，洲居村落，補入輿圖。言邊防者，可即一隅而知嶺海全勢焉。他若〈宮室志〉改為〈建置略〉；〈田賦志〉省入〈經政略〉；〈名宦〉舊附〈人物〉，今則專列〈宦蹟〉一門。苟非嫻於史裁，曷克分類樹義，如此其精且密耶！余與舒、王二君既同里，又宦遊同方，舒君之力學愛民，王君之殫聞洽見，雅所素稔。今得此志而讀之，益嘆其學之宏，識之大焉。昔朱紫陽甫至南康，即徵郡志，蓋表微闡幽，司教者藉是以流示斯民，俾默化於法所不行，政所不及者，皆於是乎在。覽是志者，其勿以為空文也可。

　　賜進士出身、中憲大夫、廣東督糧道、分巡廣州府南野盧元偉序。

（嘉慶《新安縣志》〈盧元偉序〉）

重修新安縣志序

古無郡縣也，而邦國四方，莫不有志。子夏得百二十國寶書，墨子云：「吾見《百國春秋》。」古志如此其備也。漢袁湯為陳留太守作《耆舊傳》，褒善叙舊，以勸風俗。其事在圈稱所譔以前，是即今郡縣志之權輿矣。昔朱子甫至南康即徵郡志，論者以為知所先務，余嘗深體此意焉。丙子，官斯土，檢閱舊志。自康熙戊辰前令靳公修纂後，迄今百數十年，其間因革損益，幾經變易矣。當議重修，旋以交卸未果。戊寅，復任此邦，即殷然以此為念。適承憲檄，以接奉部咨，應入《大清一統志》事宜，如有遺漏，造冊補送。大府即乘此纂修《廣東通志》，飭令採訪事實，以備選錄。余奉命惟謹，而亦可藉此一新縣志，是固余之本願也。然終以簿領殷湊，不能一手成之。爰謀之邑人士，聘吾鄉王明經崇熙為總纂，考碑碣，收圖籍，遐稽博覽，廣採兼收。因即近聞，參諸舊志；昔之詳者不敢略於今；今之詳者不得不加於昔。其中譌者正之，冗者汰之，缺者補之，悉舉其體例而變通焉。事本為因義，不嫌創舉，凡山川、城郭、戶口、土田、官制、兵防及夫庶事之廢興，舊章之沿革，百產之衰旺，人物、藝文之增踵，無不粲然具陳，而非以矜博洽也。昔江文通論史之難，無出於志。誠以志者，憲章之所繫，事該而核，體正而嚴，足以信今而傳後，斯足述耳。是書之成，不惟存一方之掌故，且以備省志之取裁，並以供史館之採擇，庶使海隅遐陬，不外聲教之訖，而同登風俗之書，謂非厚幸歟！是為序。時嘉慶二十四年己卯閏四月下澣。

賜進士出身、知新安縣事、前署佛岡廳直隸同知、南州舒懋官荑房氏，自識於邑署之雙柳軒。

（嘉慶《新安縣志》〈舒懋官序〉）

王崇熙序

　　嘉慶己卯仲春上澣，新安邑侯舒萸房先生將重輯縣志，以總纂屬余。余自惟學殖荒落，深懼弗勝紀載之任。而又竊歎萸房明府之識所先務，且重以諄諄之命，余固不容以弇鄙辭也。然志固未易言矣。成周職方氏掌天下之圖，小史掌邦國之志，外史掌四方之志。秦有"圖書"，漢有《輿地圖》，唐有《元和郡縣志》，宋有《元豐九域志》、樂史《太平寰宇記》，則《地志》一書，由來尚焉。新安自明萬曆元年置縣，此後或併或析，且有遷界之舉。舊志修自康熙戊辰歲，其時邑地初復，運會方新，故其書多缺而不備，而詞句既欠剪裁，體例亦未完善。即如縣治沿革，莫辨源流，四至八到，悉皆舛錯。且南頭一寨，論形勢者，以為全廣門戶，而海防之事不詳，此固不能不重加編輯也。蓋以百數十年因革損益，日新月異，況值聖天子久道化成，休養生息。邑雖僻處海濱，而天時、地利、風俗、民情、戶口、土田、山川、人物，固已寖昌寖盛，一道同風。使未能縷析條分，繁稱博引，使之粲然大備，秩然修明，斯亦秉筆者之陋也。因與萸房明府悉心商榷，列門類，定凡例，以示同局，俾得共襄厥事。而是書以三閱月而成，非率爾也。以採訪者之勤於搜羅，而在局諸君了復纂校不遺餘力。余相與斟酌其間，又幸賴萸房明府以就正得失，故得迅速蕆事。獨是詞人修史，曾見議於劉知幾，況其下焉者乎！乃萸房明府以是書呈之大憲，猥蒙制府阮芸台先生、觀察盧西津先生許可，且賜弁言，而是書藉以並傳不朽。此又不獨邑人士之所懽忻而鼓舞者也，是為序。

　　嘉慶二十四年歲在己卯，五月，南城王崇熙譔。

（嘉慶《新安縣志》〈王崇熙序〉）

諭閩廣百姓各務本業　雍正五年

上諭：閩廣兩省督撫常稱本省產米甚少，不足以敷民食。總督高其倬亦曾具奏。巡撫楊文乾則云："廣東所產之米，即年歲豐收，亦僅足供半年之食。"朕思，本省之米不足供本省之食，在歉歲則有之，若云每歲如此，即豐收亦然，恐無此理。或田疇荒廢，未盡地力，或耕耘怠惰，未用人工，或奸民希圖重價，私賣海洋，三者均未可定。昨曾面諭九卿，今廣西巡撫韓良輔奏稱："廣東地廣人稠，專仰給於廣西之米。在廣東本處之人，惟知貪財重利。將地土多種龍眼、甘蔗、煙葉、青靛之屬。以致民富而米少。廣西地瘠人稀，豈能以所產供鄰省多人之販運？"等語。此奏與朕前旨相符。可知閩廣民食之不足，有由來矣。令二省督撫等悉心勸導，俾人人知食乃民天，各務本業，盡力南畝，不得貪利而費農功之大，不得逐末而忘稼穡之艱。至於園圃果木之類，當俟有餘地餘力而後為之。豈可圖目前一時之利益，而不籌畫於養命之源，以致緩急無所倚賴而待濟於鄰省哉？假若鄰省或亦歉收，則又將何如哉？該督撫等務須諄切曉諭，善為化導，俾愚民豁然醒悟，踴躍趨事，則地方不致虛耗而米穀不致匱乏矣。特諭。

諭閩廣正鄉音　雍正六年

　　上諭：凡官員有蒞民之責，其語言必使人人共曉，然後可以通達民情，熟悉地方事宜，而辦理無誤。是以古者六書之制，必使諧聲、會意，嫻習語音，皆所以遵成道之風，著同文之治也。朕引見大小臣工，凡陳奏履歷之時，惟有福建、廣東兩省之人，仍係鄉音不可通曉。夫伊等以現登仕籍之人，經赴部演禮之後，其敷奏對揚，尚有不可通曉之語，則赴任他省，又安能於宣讀訓諭、審斷詞訟，皆歷歷清楚，使小民共知而共解乎？官民上下，語言不通，必致胥吏從中代為傳達，於是添飾假借，百弊叢生，而事理之貽誤者多矣。且此兩省之人，其語言既皆不可通曉，不但伊等歷任他省，不能深悉下民之情，即伊等身為編氓，亦必不能明白官府之意。是上下之情捍格不通，其為不便實甚。但語言自幼習成，驟難改易，必其徐加訓導，庶幾歷久可通。應令福建、廣東兩省督撫，轉飭所屬各府、州、縣有司及教官，遍為傳示，多方教導，務期語言明白，使人通曉。不得仍前習為鄉音，則伊等將來引見，殿陛奏對，可得詳明，而出仕地方，民情亦易於通曉矣。

恩恤廣東疍戶　雍正七年

上諭：聞粵東地方，四民之外，另有一種名為疍戶，即猺蠻之類，以船為家，以捕魚為業。通省河路，俱有疍船。生齒繁多，不可數計。粵民視疍民為卑賤之流，不容登岸居住。疍戶亦不敢與平民抗衡，畏威隱忍，跼蹐舟中，終身不獲安居之樂，深可憫惻。疍戶本屬良民，無可輕賤擯棄之處。且彼輸納魚課，與齊民一體，安得以地方積習，強為區別而使之飄蕩靡寧乎？着該督撫等轉飭有司，通行曉諭：凡無力之疍戶，聽其在船自便，不必強令登岸。如有力能建做房屋及搭棚棲身者，准其在於近水村莊居住，與齊民一同編列甲戶，以便稽查。勢豪土棍，不得借端欺凌驅逐。並令有司，勸諭疍戶開墾荒地，播種力田，共為務本之人，以副朕一視同仁之意。特諭。

（嘉慶《新安縣志》〈卷首·訓典〉）

大奚山

祁順

滄海波濤闊，奚山島嶼多。

空中排玉笋，鏡面點青螺。

洞古雲迷路，岩深鳥佔窩。

昔人屯戍後，遺跡半煙蘿。

杯渡山

鄭文炳

聞說禪蹤此舊遊，一杯飛渡渺滄洲。

山前卓錫泉猶在，岩上懸枝鐘尚留。

石柱杞橿千古勝，蕙蘭莎草四時幽。

登臨欲覓燒丹訣，翹首層巒紫氣浮。

駐節南頭喜鄉耆吳瑗鄭志銳畫攻屯門彝之策賦此

汪鋐

轔轔車馬出城東，攬轡欣逢二老同。

萬里奔馳筋力在，一生精潔鬼神通。

竈田撥鹵當秋日，漁艇牽篷向晚風。

回首長歌無盡興，天高海闊月明中。

鼇洋賦景

龍河

海上何年湧巨鼇，千秋遺蹟枕寒濤。

石泉時掛明河落，雪乳晴飛白日高。

風急沙汀驚鶴夢，煙明春岸映魚舠。

鵬搏鯤變多奇幻，對景何當賦興豪。

官富懷古

鄧孕元

艤岸維舟日已晡，故宮風色亂蘼蕪。

百年天地留殘運，半壁江山入戰圖。

烏起古台驚夢短，龍吟滄海覺愁孤。

豪華終古俱陳跡，剩有忠良說丈夫。

鰲洋甘瀑

廖奇逢 邑人

流長源遠正滔滔，萬頃煙波湧巨鰲。
何自倚天銀劍在，到看凌日玉虹高。
夜深千尺明於練，瀾若雙流性亦陶。
遙望征帆思共濟，揚清應藉聖心勞。

杯渡仙蹤

李可成

海上禪宗渡遠山，擲將葦荻泛杯間。
泉依入定聲俱寂，雲繞參微影亦閒。
卓錫岩阿人杳杳，懸鐘樹杪口班班。
登臨若解西來意，何事深居學閉關。

鰲洋甘瀑

李可成

六鰲浪說大洋中，片石巍然峙碧空。

潮湧翩翩浮玉乳，泉飛滴瀝散清風。

春門每向籠煙霧，夏雨□□□螮蝀。

天柱卻疑留澤國，扁舟□泛問蛟宮。

官富懷古

侯琚

草舍離宮一壘坵，夕陽高照舊碉硎。

許多忠魄歸何處，黃葉蘆花冷淡秋。

蠔涌克捷

李可成

蠢茲忽發難，仗策底巖疆。

陳旅謀方略，獻俘達露章。

天威原震疊，群策自匡襄。

銜草何功次，趨庭教未忘。

（康熙《新安縣志》卷十二〈藝文志〉）

沓潮歌

〔唐〕劉禹錫

海門積日無風飆，滄波不歸成沓潮。

轟如鞭石屹且搖，亙空欲駕黿鼉橋。

驚湍蹙縮悍如驕，大陵高岸失岧嶤。

四邊無阻音響調，背負雲氣掀重霄。

介鯨得性方逍遙，仰鼻噓吸揚朱翹。

海人狂顧迭相招，羸衣髻首聲嘵嘵。

征南將軍登麗譙，赤旗指揮不敢囂。

翼日風回沴氣消，歸德納納景昭昭。

烏泥白沙復滿海，海色不動如瓊瑤。

（嘉慶《新安縣志》卷二十四〈藝文志・詩〉）

177

附

錄

《新安縣全圖》（1866）中的香港新界村莊
劉智鵬

　　香港位處中國南海之濱，一直不在中國歷朝中央政府的視界之內，因此有關香港地域的資料絕少見於主要史冊。明清兩代嶺南商貿發展迅速，香港所在地域人口日漸充實，與此相關的地貌人事亦開始見載於地方志書，方志所附輿圖亦略見香港地方名稱。晚明茅元儀（1594—1640）據其祖父茅坤於 1422 年至 1430 年所製圖錄，編繪成《鄭和航海圖》，記錄明初鄭和船隊行程，其中載有香港水域的資料，包括官富寨、佛堂門、大奚山、蒲胎山等地。[1] 嘉靖年間有鄭若曾繪製《籌海圖編》，其中〈沿海沙山圖〉載有香港地名如官富山、杯渡山、小磨刀山、大奚山等。[2] 同時有應檟（1494—1554）著《蒼梧總督軍門志》，所附〈全廣海圖〉載有官富巡司、九龍、急水門、大磨刀、小磨刀、佛堂門、大潭、將軍澳、屯門澳各地，其中更於佛堂門及屯門澳註明戰略用途及航線距離，資料明顯較前兩圖豐富。[3] 稍後郭棐（1529—1605）著《粵大記》，所附〈廣東沿海圖〉中新安縣部分載有大量香港地名，包括首次見於史冊圖籍的"香港"。[4] 郭圖繪畫精美，所載香港地名之多冠絕此前各圖，是研習香港古代史必備的參考資料，堪稱涉及香港的古地圖中的珍品。

1　茅元儀：《武備志》（明天啟刻本），卷二百四十，〈鄭和航海圖〉；應檟：《蒼梧總督軍門志》〔明萬曆九年（1581）刊本〕，卷五，〈全廣海圖〉。
2　鄭若曾：《籌海圖編》（明萬曆刻本），卷十九，〈廣八〉。
3　應檟：《蒼梧總督軍門志》，同註 1。
4　郭棐：《粵大記》（明萬曆刻本），卷三十二，〈廣東沿海圖〉。

　　就工藝或技術而言，上述各圖無一符合現代地圖編繪標準，卻有相當的歷史價值。香港地域自宋以降皆以漁農為業，各處聚落自給自足，不見經傳，只有少數軍政重地能夠載入廣東地方志書之中。明萬曆元年（1573），於東莞縣南部海濱一片土地另設新安縣，包括今日香港全境在內。新安縣成立之後，《新安縣志》的編修工作隨即展開，香港地域資料亦逐漸見載於新安縣地方志書。《新安縣志》第一次纂修早於萬曆十四年（1586）完成，距離建縣不過十四年。崇禎八年（1635），知縣李鉉重修《新安縣志》，增補史事。崇禎十六年（1643），知縣周希曜主持纂修第三版《新安縣志》。可惜上述三部明代《新安縣志》早已散佚，無法知悉早期香港地域資料入志的情況。清代首次纂修《新安縣志》由知縣李可成主持，事在康熙九年（1670），可惜志書亦告散佚。康熙二十七年（1688），知縣靳文謨重修《新安縣志》（下稱康熙志），成為新安縣第一部保存至今的方志。其後知縣舒懋官於嘉慶二十四年（1819）再修《新安縣志》（下稱嘉慶志），補充康熙志不足，洋洋大觀，是為香港古代史的核心史料。

　　康熙、嘉慶兩種《新安縣志》按傳統方志纂修方法，記錄縣城建置、地理、經濟、軍事、社會、文化、人物、藝文等資料；其中地理部分載有大量地名和村莊名稱，標示出當時縣內居民的生活範圍。可惜兩種縣志的輿圖製作水平欠佳，而且所記資料過於簡略，因此無法從圖中確認新安縣聚落的分佈。儘管從地方行政單位的管轄範圍中可以得知，香港地域的村莊應該分佈於康熙志中的"五都"、"六都"及嘉慶志中的"官富司"；但單憑文字資料實在難以辨識位處今日香港地域的地方及村莊。另外，清初香港地域受到遷界政策的嚴重打擊，復界之後原有人口大減。此後經歷一段長時期休養生息，加上南方族群陸續遷入，香港地域於乾嘉之後始漸漸恢復遷界前的面貌。可惜這段歷史在兩種縣志中著墨不多，兩種縣志亦無記載自復界至乾嘉之間何時何姓何族於何處落地開村。因此，康熙至嘉慶之間香港地域的社會發展，只能從比對兩志村莊數目的增損而得知其中梗概。

嘉慶志修成後距英國租借新界尚有約八十年時間，其間香港地域的社會發展理應比前更進一步，可惜再無續志記載有關情況。1859年，意大利神父西米安‧獲朗他尼（Simeone Volonteri, 1831—1904）抵達香港，十年後調往中國河南傳教。西米安‧獲朗他尼神父在香港居留期間，周遊港九及新安縣大小村莊，最後在華人神父梁子馨（1837—1920）的協助下繪製出一幅極高水平的《新安縣全圖》（*Map of the San On District*，下稱新圖），並於1866年雕印出版。西米安‧獲朗他尼神父並沒有受過測繪訓練，但他以四年時間實地考察及細緻繪圖，結果製成一幅質素遠超於傳統中國輿圖的現代地圖。[5]

從地圖上展示的地理資料可以看出，兩位神父在製圖的過程中確實走訪過各處村莊，並且認真記錄。因此，新圖對認識十九世紀前半期香港地域的發展有相當重要的參考作用。事實上新圖面世之後備受中外用家推崇，而且成為後來繪製的新安縣圖的藍本。光緒二十年（1894），有"嶺南少岩氏"按新圖繪製成與新圖同名的《新安縣全圖》，圖面資料即以新圖為藍本。1898年，英國為租借新界，亦曾經參考新圖製成《香港全圖》（*Map of Hong Kong*），說明新圖具有相當的權威性。[6]

在繪製《香港全圖》的同時，香港政府輔政司駱克（Sir James H. Stewart Lockhart）亦曾經到新界考察，寫成《香港殖民地展拓界址報告書》（*Report by Mr. Stewart Lockhart on the Extension of the Colony of Hongkong*，下稱駱克報告書），並夾附香港政府關於新界村莊人口及分佈情況的第一份官方紀錄〈新界各個村莊名稱和人口表〉，為接收

5　關於《新安縣全圖》的繪製經過，參閱譚廣濂：《從圓方到經緯：香港與華南歷史地圖藏珍》〔香港：中華書局（香港）有限公司，2010年〕，99頁。

6　《從圓方到經緯：香港與華南歷史地圖藏珍》，99—105頁。

新界地域作好準備。[7]

　　從康熙志、嘉慶志到駱克報告書，香港地域在十九世紀前後的發展情況分別以中西兩種方式記錄下來。新圖的出現，正好填補新安縣志後續不繼的空白；而圖中所記錄的村莊名稱及位置，更成為香港新界地域不少原居民村莊於 1898 年前存在的重要歷史證據。

　　新圖記錄的香港新界地域原居民村莊約超過三百五十處，一律以紅色圓點為標記，並以中英雙語指示名稱。圖中有少量村莊只有中文名稱，亦有村莊有標記而欠名稱，或者有名稱而欠標記，不一而足。另外，新圖對島嶼的調查幾乎只限於香港島和南丫島，即使有不少聚落的大嶼山亦只有在西南方盡頭標出一個紅色圓點，並無文字說明。因此，新圖的主要應用範圍在新界本土，但足以為香港新界地域的發展歷程提供重要的參考。下表試以新圖與康熙志、嘉慶志、駱克報告書及香港政府應用於新界小型屋宇政策的《認可鄉村名冊》排列比較，以說明新圖在香港村莊紀錄上承先啟後的作用。表中第一行 "村莊名稱" 列出新圖於香港新界地域範圍內標示的所有村莊名稱，以及兩種縣志所載而見於新圖、駱克報告書或《認可鄉村名冊》的村莊。為方便辨識兩種縣志與新圖的關係，表中以不同顏色作出區別如下：

7　《香港殖民地展拓界址報告書》（*Report by Mr. Stewart Lockhart on the Extension of the Colony of Hongkong*）原件收入英國殖民地部檔案 CO882/5。〈新界各個村莊名稱和人口表〉是報告書的〈附件五〉，由駱克的翻譯員蔡毓山製作；見劉存寬譯：〈駱克先生香港殖民地展拓界址報告書〉，載劉智鵬主編：《展拓界址：英治新界早期歷史探索》〔香港：中華書局（香港）有限公司，2010 年〕，219—229 頁。

兩種縣志有載而不見於新圖
兩種縣志有載而見載於新圖，名稱一致
兩種縣志有載而見載於新圖，名稱有別
新圖有載而不見於兩種縣志

村莊名稱	康熙志	嘉慶志[8]	新安縣全圖	駱克報告書	認可鄉村名冊[9]	現屬地區
Keo Pa Kang[10]			有	狗爬徑	九華徑	葵青
Ping Tsia[11]			有		坪輋	北區
七木橋		有	有	有	有	北區
九肚		有	狗肚	狗肚	有	沙田
九龍坑			有	有	有	大埔
二澳村		有		二澳	有	離島
三丫			有	有	三椏	北區
三担籮			有	有		北區
上下圍	有		上圍、下圍			大埔
上下塘		有			上塘、下塘瀝	荃灣
上下輋		有	上輋、下輋	上輋、下輋	上輋、下輋	元朗
上水村	有	有	上水	上水	有	北區
上禾斜			有	上禾輋	上禾輋	沙田
上村村	有	有	上村	上村	有	元朗
上洋		有	有	有	有	西貢
上圍			有	有		北區
下禾斜			有	下禾輋	下禾輋	沙田
下坑村	有	下坑	下坑	下坑	有	大埔
下洋			有	有	下洋	西貢

8　村莊名稱取自志書中"官富司管屬村莊"及所附"官富司管屬客籍村莊"。

9　香港地政總署就新界小型屋宇政策公佈的符合原居民村資格的村莊名冊。這些村莊於1898年英國租借新界前已經在今日香港地域範圍出現。參見地政總署鄉村改善組：《在新界小型屋宇政策下之認可鄉村名冊》（香港：地政總署，2009年）。

10　新圖只列英文名稱。

11　新圖只列英文名稱。

村莊名稱	康熙志	嘉慶志	新安縣全圖	駱克報告書	認可鄉村名冊	現屬地區
下洋			有	有	有	大埔
下圍			有	有		大埔
土家坪			有	有	土瓜坪	大埔
大井村	有	有	大井	大井	大井圍	元朗
大水坑			有	有		屯門
大水坑		有	有	有	有	沙田
大坑口			有	有	有	西貢
大尾厶			有	大尾督	大尾 / 美篤	大埔
大步墟		有	大埔墟[12]	有	大埔墟	大埔
大步頭	有	有	大埔頭		大埔頭	大埔
大芒峯		有	有	有	大芒峯又名大陽峯	大埔
大坪			有		有	離島
大枊			有	有		西貢
大洞村		有	大洞	大洞	大洞	大埔
大埔仔			有	有	有	西貢
大埔滘			有	有	有	大埔
大浪村		有	大浪	大浪	大浪	西貢
大庵山			有	有		大埔
大莆田		有	有		大埔田	北區
大圍			有	有	有	沙田
大菴		有	大庵	有	有	大埔
大塘村	有	有			大棠村	元朗
大滘			有	有		西貢
大腦		有	有	有	有	西貢
大峯			有	有	有	沙田
大窩			有	有		元朗
大窩		有	有	有	有	大埔

12　新圖列為墟市。

附
錄

村莊名稱	康熙志	嘉慶志	新安縣全圖	駱克報告書	認可鄉村名冊	現屬地區
大窩陳屋		有			大窩	大埔／元朗？
大窩黃屋		有			黃屋村	元朗？
大輞仔		有	有	大網仔	大網仔	西貢
大橋村		有			大橋	元朗
大莆			有			北區
大嶺下		有	大嶺		大頭嶺	北區／深圳？
大藍峯			有	大藍寮	大藍寮	沙田
大壠			有	有		大埔
大廳			有	有		大埔
大欖		有	大欖涌	大欖涌	大欖涌	屯門
大灣		有	大環		大灣舊、新村	離島
大灣村		有	大灣	大灣	大環	西貢
子屯圍	有	有	祖田	祖田	紫田村	屯門
小坑村	有	有	小坑	小坑	有	屯門
小滘			有	有		西貢
小瀝源	有	有	小瀝圍		有	沙田
山下村	有	有			有	元朗
山下圍	有				有	沙田
山背村		有			山貝村	元朗
山峰圍			有	有	順風圍	屯門
山塘			有			北區
山嘴峯	有	山嘴	山嘴	山嘴	山嘴	北區
山雞鬱	有	有	山雞笏	山雞笏	山雞笏	北區
川龍			有	有	有	荃灣
中心村		有			中心圍	元朗
丹竹坑	有	有	有	有	有	北區
井頭村	有	有	井頭		井頭	大埔
井欄樹		有	有	有	有	西貢

村莊名稱	康熙志	嘉慶志	新安縣全圖	駱克報告書	認可鄉村名冊	現屬地區
元蓢西邊圍		有			西邊圍	元朗
元蓢東皋村		有			東頭村	元朗
元蓢青磚圍		有	青磚圍	青磚圍	青磚圍	屯門
元蓢南邊圍		有			南邊圍	元朗
元蓢福田村		有			蕃田	元朗
屯門村	有	有			藍地新村 [13]	屯門
屯圍		有		有		北區
木橋頭		有			木橋頭村	元朗
水口村		有			水口	離島
水涵門			有			沙田
水焦			有		水蕉新村	元朗
水窩			有		有	大埔
水樓			有	有		屯門
水蕉圍	有		水焦	水焦	水蕉老圍	元朗
水邊村		有			有	元朗
水邊圍	有	有			有	元朗
火炭			有	有	有	沙田
牛凹			有	有		沙田
牛皮石			有	有	牛皮沙	沙田
牛角窩			有	有		沙田
丙岡村	有	丙岡圍	炳崗	丙崗	丙崗	北區
凹下村	有	有 / 凹下	凹下	凹卜	凹卜	北區
凹頭村	有	凹頭	凹頭	凹頭		西貢
北丫			有		有	西貢
北圍			有	有	有	西貢
北港	有	有	有	有	有	西貢
北港凹			有	有	有	西貢

---

13 藍地新村原稱屯門新村。

村莊名稱	康熙志	嘉慶志	新安縣全圖	駱克報告書	認可鄉村名冊	現屬地區
北潭村		有	北潭		北潭	西貢
北潭涌			有	有	有	西貢
北葛			有			屯門
古洞村		有	古洞	古洞		北區
凸尾涌			有	古尾涌		屯門
布袋澳			有	布代澳	有	西貢
平洋		有	坪洋	平洋	坪洋	北區
平洲			有	有		離島
平洲灣		有	坪洲		平洲 5 村	大埔
平婆尾			有	有		北區
打鼓嶺			有	有		沙田
打鐵岇			有	有	有	大埔
正坑			有	有		西貢
汀角[14]			有	有	有	大埔
田心村	有		田心	田心	有	元朗
田心村	有	有	田心	田心	田心	沙田
田仔圍			有	有	屯子圍	屯門
田富子		有			田夫仔	屯門
田寮下			有	有	有	大埔
田寮村	有				田寮	沙田
田寮村		有			田寮村	大埔
田寮圍	有	田寮村			田寮村	元朗
白沙			有			元朗
白沙			有	有		西貢
白沙凹			有	有	白沙澳	大埔
白沙圍	有	白沙村	白沙	白沙	白沙村	元朗
白沙頭			有	有		北區

---

14 新圖標有天主教堂。

村莊名稱	康熙志	嘉慶志	新安縣全圖	駱克報告書	認可鄉村名冊	現屬地區
白沙灣			有	有		西貢
白屋村			有	有		元朗
白潭洲			有	有		北區
白蠟			有	有	白臘	西貢
石水澗			有	有		大埔
石甲門		有		石門夾	石門甲	離島
石坑			有	有	有	西貢
石步李屋村		有			李屋村	元朗
石步村	有		石莆	石莆	石埔村	元朗
石步林屋村		有			林屋村	元朗
石牯灣			有		索罟灣	離島
石湖塘	有	有			有	元朗
石湖墟		有	有[15]	有		北區
石榴坑	有	有			沙田 石榴洞；離島 石榴埔	沙田 / 離島？
石壁村	有	有		石碧	石碧新村[16]	荃灣
石頭莆		有	石頭圍	石頭		元朗
石籬背		有				葵青
禾坑		有	有	有	上禾坑、下禾坑	北區
禾逕山		有			禾徑山	北區
禾貍			有	禾貍		西貢
禾鸐夾			有	有		荃灣
企嶺村	有	岐嶺村	岐嶺下	岐嶺下	企嶺下新圍 / 老圍	大埔
合山圍		有				元朗
吉澳[17]			有	吉奧	有	北區

15 新圖列為墟市。

16 原稱石壁村，位於大嶼山。後於 1960 年遷往荃灣，讓出原有土地建造石壁水塘。

17 新圖列為墟市。

村莊名稱	康熙志	嘉慶志	新安縣全圖	駱克報告書	認可鄉村名冊	現屬地區
吊草巖			有	吊草巖	茂草岩	沙田
多石			有	有	有	沙田
灰陶角			有	有	灰窰下新村	沙田
竹園			有	有	有	西貢
竹園圍	有	有	竹園	竹園	上竹園、下竹園	元朗
米步村	有	有	米莆	米莆	米埔村	元朗
老村			有	有		北區
老圍			有	有		元朗
老圍			有	有	有	北區
老鼠田			有	有	有	沙田
老鼠嶺			有	有	有	北區
老龍田			有	有		北區
西山村	有	有	西山	西山	新生村	元朗
西貢 [18]			有	有		西貢
西逕村		有	西逕	茜逕	西徑	大埔
西澳村		有	茜凹	茜凹	西澳	大埔
西灣			有	有	有	西貢
佛堂			有	有	佛頭洲	西貢
坑下莆			有	坑下埔	有	大埔
坑口			有	有		西貢
坑頭村	有	坑頭			坑頭	北區
李屋			有		有	大埔
李屋村		有	有	有	李屋	北區
沙下			有	有	有	西貢
沙田		有	沙田頭	沙田頭	沙田頭、沙田圍	沙田
沙田村	有		沙田	沙田	沙田頭、沙田圍	沙田
沙角尾	有	有	有	有	有	西貢

---

18 新圖列為墟市，並設有天主教堂。

村莊名稱	康熙志	嘉慶志	新安縣全圖	駱克報告書	認可鄉村名冊	現屬地區
沙角寮	有					沙田
沙岡村	有	有			沙江圍	元朗
沙莆			有	有	沙埔村	元朗
沙頭墟	有		沙頭角 [19]	沙頭角		北區
沙螺洞		有	有	有	沙螺洞張屋 / 李屋	大埔
沙螺灣		有		沙羅灣	有	離島
芋合灣		有	有	有		西貢
谷步村	有		谷埔	谷埔	谷埔	北區
赤逕村		有	赤逕	有	赤徑	大埔
亞山			有			大埔
亞媽田	有		亞媽笏	亞媽笏	亞媽笏	北區
坪山仔			有	平山仔	平山寨	大埔
坪墩			有	有	有	西貢
坭涌			有	有	泥涌	大埔
坭圍			有	泥圍	泥圍	屯門
坭壁山			有	有		大埔
孟公屋		有	有	有	有	西貢
官坑村		有	乾坑	乾坑	官坑	大埔
担水坑			有	擔水坑	有	北區
放馬莆			有	放馬埔	有	大埔
昂坪			有	有		西貢
昂船洲			有			葵青
昂窩			有	有	有	西貢
東西涌	有					離島
東西頭	有				東頭村、西頭圍	元朗
東涌			有	有		元朗
東澳			有		有	離島

19 新圖列為墟市。

村莊名稱	康熙志	嘉慶志	新安縣全圖	駱克報告書	認可鄉村名冊	現屬地區
東頭村		有			有	元朗
東灣			有	有	東丫	西貢
松柏萌	栢萌村	有	有	松柏朗	松栢塱	北區
松園下	有	有			有	北區
林村村	有				新村（林村）	大埔
林屋圍			有			西貢
河尚鄉	有	河上鄉	河上鄉	河上鄉	河上鄉	北區
油甘頭		有			油柑頭	荃灣
社山			有	有	有	大埔
花心坑			有	有	有	沙田
金竹排			有	有		大埔
金錢村		有	金錢	金錢	金錢	北區
長岡村	有	有			長江村	元朗
長洲			有	有		離島
長莆圍	有	長莆	長布	長布	長莆	元朗
長瓏			有	長龍		沙田
長瀝村		有			長瀝	北區
青衣		有	有			葵青
青龍頭		有			有	荃灣
南丫			有	有	有	西貢
南山			有	有	有	西貢
南山			有	有		大埔
南山			有		南山洞	大埔
南坑村		有	南坑	南坑	南坑	大埔
南涌圍		有	南涌	南涌	南涌	北區
南蛇笏			有	有		元朗
南圍			有	有	有	西貢
南峯			有	有		西貢

村莊名稱	康熙志	嘉慶志	新安縣全圖	駱克報告書	認可鄉村名冊	現屬地區
南萠			有	南朗		屯門
南灣			有	有	稔灣	屯門
响鐘			有	有	有	西貢
城門		有	有	有		荃灣
屋頭			有	有	有	西貢
屏山村	有	有	坪山墟[20]	坪山	屏山新村	元朗
屏山香元圍		有				元朗
屏山廈尾村		有	蝦尾	下尾	蝦尾新村	元朗
洞仔村	有	洞子	洞仔	洞子	洞梓	大埔
洲頭村	有	有	竈頭	竈頭	洲頭	元朗
界涵			有	有	界咸	西貢
相思灣			有	有	有	西貢
紅石門			有	有		北區
紅棗田			有	有		元朗
英龍圍		有			有	元朗
茅坪			有	有	有	沙田
軍地村		有	軍地	軍地	軍地	北區
風坑		有	有	有	鳳坑	北區
風園			有	有	鳳園	大埔
香園圍	有		香椽園	香緣圍	有	北區
唐公嶺	有	有			有	北區
栢鰲石			有	有		大埔
泰亨村	泰坑村	有			太坑又名泰亨	大埔
海下			有	有	有	西貢
涌尾			有	有	有	北區
烏石瓏	有	烏石、烏石	烏石角		烏石角	北區

___

20　新圖列為墟市。

村莊名稱	康熙志	嘉慶志	新安縣全圖	駱克報告書	認可鄉村名冊	現屬地區
烏蛟田		有	有	有	烏蛟騰	北區
烏溪尾	有	烏溪沙	烏龜沙	烏龜沙	有	沙田
粉壁嶺	有	有	粉嶺	分嶺	粉嶺	北區
荔枝莊		有	荔枝莊	荔枝莊	有	大埔
荔枝窩	有	荔枝窩	有		有	北區
馬田村		有			有	元朗
馬油塘		有	馬遊堂		馬游塘	西貢
馬牯纜		有	有	有	有	大埔
馬料村	有	馬尿	馬尿水	馬尿水	馬尿	沙田
馬達			有		模達	離島
馬鞍山		有			馬鞍山村	沙田
馬鞍岡		有	有	馬鞍江	馬鞍崗	元朗
馬灣			有	有	馬灣正街	荃灣
高莆圍	有	有			高埔	元朗
高塘			有	有	有	西貢
勒馬州	有		落馬洲	落馬洲	落馬洲	元朗
將軍澳			有	有	有	西貢
張屋村			有		鍾屋村	屯門
張屋村		有	有	有		元朗
張屋圍			有	有		西貢
掃管鬱	有	掃管 埔	箒管笏	箒管笏	掃管笏	屯門
排凹			有	有		西貢
斜下			有	崋下	崋下	西貢
梅子林			有	有	有	沙田
梅窩村	有	有		煤窩	梅窩舊村	離島
梧桐寨			有	有	有	大埔
深涌			有	有		元朗
深涌村		有	深涌	深涌	深涌	大埔

村莊名稱	康熙志	嘉慶志	新安縣全圖	駱克報告書	認可鄉村名冊	現屬地區
淺灣	有	有	全灣[21]	全灣街／圍		荃灣
淺灣村	有		全灣	全灣街／圍		荃灣
涾涌村	有	有	泮涌	涾涌	泮涌	大埔
船灣[22]			有	有	船灣陳屋、李屋、詹屋、沙欄、圍下	大埔
荷木墩			有	有		西貢
莆上村		有				北區
莆心排			有	有	布心排	大埔
莆塘下	有	有	有	有	寶塘下	屯門
蛇頭			有	有	有	西貢
蛇灣			有	有	大蛇灣	西貢
蛋家灣			有	疍家灣	有	大埔
逕口村	有	逕口	逕口	逕口	上徑口、下徑口	沙田
鹿洲			有	有	有	離島
鹿頸	綠逕村	有	有	有	鹿頸陳屋／鹿頸黃屋	北區
麻雀嶺	有	有	麻竹嶺	蔴雀嶺	有	北區
麻籃笏			有	有	麻南笏	西貢
圍頭村		有	圍頭	圍頭	有	大埔
插竹灣			有	有	斬竹灣	西貢
港頭村		有			港頭村、港頭新村	元朗
游田			有	有	上、下攸田	元朗
畫眉凹		有			畫眉山	北區
著柴角			有			西貢
黃竹洋	有	有			有	大埔

21　新圖列為村莊及墟市。

22　新圖列為墟市。

村莊名稱	康熙志	嘉慶志	新安縣全圖	駱克報告書	認可鄉村名冊	現屬地區
黃坭凹			有	有	上、下黃宜凹	大埔
黃坭洲			有	有	黃宜洲	西貢
黃坭頭			有	有	黃泥頭	沙田
黃家圍			有	有	有	屯門
黃魚坦	有	黃魚灘	黃魚灘	黃魚灘	黃魚灘	大埔
黃鶯凹			有	黃麔凹	黃麔地、黃麔仔	西貢
圓岡村	有	有	圓岡	圓崗	元崗	元朗
圓圍			有	有		元朗
圓墩			有	有	圓塾新村	荃灣
圓蓢沙莆	有		沙莆		沙埔村	元朗
圓蓢東頭	有				東頭村	元朗
圓嶺			有	圍嶺		沙田
塑壆坑			有		作壆坑新村	沙田
塔門			有	有	有	西貢
塘坊村		有	塘房	塘房	有	元朗
塘坑村	有	有			塘坑	北區
塘面村			有	有		大埔
塘福村		有			塘福	離島
廈村村	有		廈村	廈村	廈村市	元朗
新田村	有	有	新田	新田	新田上新圍、新田下新圍	元朗
新村	有	有	有	有	有	北區
新屋下			有	有	新屋家	大埔
新屋仔			有	有	有	北區
新屋村		有			有	元朗
新圍			有	有	廈村新圍	元朗
新圍			有			元朗
新圍			有	有		大埔
新圍			有	有		北區

村莊名稱	康熙志	嘉慶志	新安縣全圖	駱克報告書	認可鄉村名冊	現屬地區
新圍			有	新圍		北區
新圍			有	有	有	北區
新隆村		有			新龍村	元朗
新塘			有	有	新塘	大埔
新墟圍			有	新墟	屯門新墟	屯門
新豐圍		有				北區
滘西			有	有	滘西新村	西貢
碗寮村	有	碗窰	碗陶[23]	碗陶	碗窰	大埔
萬屋邊	有	有	有	馬屋邊	有	北區
落路下			有	有	有	沙田
葵涌村	有		葵涌	有	上、中、下葵涌[24]	荃灣、葵青
隔水圍			有	隔水圍		元朗
隔田村	有	有	隔田	隔田	隔田	沙田
隔塘村	有	有			蛤塘[25]	北區
雷公田			有	有		元朗
凰湖		有	鳳凰笏	鳳凰笏	有	北區
寨乪			有	有	有	大埔
寨角			有	有	有	北區
榕樹下			有		有	離島
榕樹凹		有	有	有	有	大埔
榕樹澳		有	榕樹凹	榕樹凹	榕樹凹	北區
榕樹灣			有	有	有	離島
窩尾			有	有	窩美（尾）	西貢
莔逕			有	朗逕	浪徑	西貢
鳳凰湖	有	有	鳳凰笏		有	北區

附錄

23　新圖列為村莊，並設有天主教堂。

24　上葵涌劃入荃灣範圍。

25　根據客家讀音判斷，“蛤”音近“隔”。

村莊名稱	康熙志	嘉慶志	新安縣全圖	駱克報告書	認可鄉村名冊	現屬地區
墩頭			有			元朗
樟上村		有	帳上凹	帳上凹	嶂上	大埔
樟木頭	有	有	有	有	有	大埔
樟樹坦	有	樟樹灘	樟樹灘	有	樟樹灘	大埔
潭仔			有	有		西貢
澗頭圍		有			簡頭村	北區
蓮凹			有	有	蓮凹鄭屋 / 蓮凹李屋	大埔
蓮花地			有	有	有	元朗
蓮麻坑	有	蓮麻坑	有	有	有	北區
蓮塘		有	有	有		北區
蓮塘尾	有	有			有	北區
輞井村	有	輞川村	網井	網井	有	元朗
黎峒村	有	有	泥洞	泥洞	萊洞	北區
壆頭圍	有	有			壆圍	元朗
橫州村	有	有	橫州	橫州		元朗
橫臺山		有	橫台山	橫台山	橫台山	元朗
橫嶺嘴			有	有		大埔
橫嶺頭			有	有		大埔
燕岡村		有	燕崗	燕崗	燕崗	北區
燕巖			有	有	燕岩	大埔
葫下圍	有					元朗
蕉坑			有	有	有	西貢
蕉逕村	有	蕉逕			蕉徑	北區
錦田村	有	有	錦田圩[26]	錦田	錦田市、錦田新村	元朗
錫降村		有			有	元朗
錫降圍		有			有	元朗

---

26 新圖列為墟市。

村莊名稱	康熙志	嘉慶志	新安縣全圖	駱克報告書	認可鄉村名冊	現屬地區
駱屋村			有	有		元朗
龍尾			有	有	有	大埔
龍塘村	有		有	有		北區
龍腳			有	有		西貢
龍鼓			有		龍鼓灘	屯門
龍躍頭	有	有	龍骨頭		有	北區
龜頭嶺			有	有	有	北區
嶺下村		有			嶺仔	北區
嶺角圍			有	有		北區
薄寮村		有	有[27]			離島
螺杯澳	有				杯澳舊村、新村	離島
鍾屋村		有	有	有	有	大埔
鰍魚頭			有	魷魚灘		西貢
鰍魚灣			有	魷魚灣	魷魚灣	西貢
檳榔灣		有	有	有	有	西貢
藍坑村	有				南坑村	元朗
藍房肚			有	有		荃灣
鎖腦盤		有			鎖羅盤	北區
雞鵠樹下			有	有	雞谷樹下	北區
瀝源村	有					沙田
羅上墩			有	有		沙田
羅湖村	有		螺湖	螺湖		北區
藤山			有	籐山	田心	元朗
鑡（石）頭角			有	鑡頭角		大埔
蘆荻山			有		蘆荻灣	離島
蠔涌	有	有	有	有	有	西貢

---

27 標為整個南丫島的名稱。

村莊名稱	康熙志	嘉慶志	新安縣全圖	駱克報告書	認可鄉村名冊	現屬地區
鹹田			有	有		西貢
鹹田窩			有	有		大埔
爛坭灣		有	有	有		西貢
響石		有				荃灣
鶴藪		有	有		鶴藪圍	北區
鰲岡村		有	牛墈	牛磡	牛磡村	元朗
鹽田子			有	塩田子	鹽田仔	西貢
鹽竈下			有	有	有	北區
欖口村		有			有	元朗
觀音山			有	有	有	沙田

上表列出約 350 項村莊名錄，可以從中看出新圖與兩種縣志及駱克報告書的承傳關係：

1. 兩種縣志有記載而不見於新圖者有 78 項；

2. 兩種縣志有記載而見載於新圖，並且名稱一致者有 40 項；

3. 兩種縣志有記載而見載於新圖，但名稱有別者有 97 項；

4. 新圖有記載而不見於兩種縣志者有 213 項；

5. 駱克報告書與新圖兩者均有記載者有約 300 項；

6. 駱克報告書與兩種縣志均有記載者則只有約 130 項。

總括言之，從嘉慶志成書之後到新圖編製之間的四十多年中，有超過二百個村莊在香港開基立業。至於從新圖面世到駱克撰寫報告書的三十多年間，新界地域則增加了約七十個村莊，包括不列於上表的大嶼山村莊。從數字上看，從 1820 年至 1866 年之間，香港地域大約平均每年增加五個村莊；而從 1866 年至 1899 年之間，香港地域平均每年新增村莊只有兩個。

另外，駱克報告書中有大約三百個村莊名稱源於新圖，佔新圖村莊總數百分之八十五左右，而且絕大部分名稱與新圖相同。反觀駱克

報告書與兩種縣志之間的差異較大，前者只有約一百二十個村莊來自
兩種縣志。按道理新圖後出，比前出的兩種縣志更接近駱克報告書的
內容，應屬理所當然。不過，同時出現於兩種縣志、新圖、駱克報告
書三者約一百二十個村莊之中，駱克報告書原文記錄了新圖上四十多
個名稱有別於兩種縣志的村莊，可見新圖與駱克報告書之間的關係十
分密切。由此可以推斷，新圖是香港政府認可的參考資料，因此駱克
在使用這幅地圖的時候並無注意圖中村莊名稱歧異的問題。另一方
面，駱克臨時受命撰寫報告書，只能用一個月的時間在幅員廣大的新
界地域考察，根本難以深入調查，因此從值得信賴的新圖上照搬村莊
的資料，亦屬可能。[28]

　　上述村莊名稱的歧異引申出新圖對新界村莊的另一種影響。根據
上表，兩種縣志及新圖均有記載而名稱有別的村莊有九十多個，其中
多數的情況是新圖省去村莊名稱上的“村”字。不過，新圖上亦至少
有二十多個村莊明顯與兩種縣志相異，包括狗肚（原稱：九肚）、大欖
涌（大欖）、祖田（子屯圍）、山雞笏（山雞鬱）、水焦（水蕉圍）、
石莆（石步村）、岐領下（企嶺村）、米莆（米步村）、茜凹（西澳村）、
沙頭角（沙頭壚）、亞媽笏（亞媽鬱）、乾坑（官坑村）、竈頭（洲頭
村）、烏龜沙（烏溪沙）、馬屎水（馬料村）、落馬州（勒馬州）、箒
管笏（掃管鬱）、鳳凰笏（鳳凰湖）、榕樹凹（榕樹澳）、全灣（淺灣）、
碗陶（碗寮村）、帳上凹（樟上村）、網井（輞井村）、螺湖（羅湖村）、
牛礐（鰲凪村）等。從這種情況看來，兩位神父在繪製新圖的時候似
乎未曾參考過兩種縣志，否則不會大量出現村莊的異稱。事實上新圖
在地名及村莊名稱上確實有不少地方值得相榷。圖中有相當數量的手
民之誤，另外亦有不少地名出現異稱，包括石牯灣（今稱：索罟灣）、

28　關於駱克撰寫報告書的情況，參見劉存寬：〈駱克《香港殖民地展拓界址報告書》試析〉
　　及黃文江：〈簡論駱克《香港殖民地展拓界址報告書》〉，載劉智鵬編：《展拓界址：英
　　治新界早期歷史探索》〔香港：中華書局（香港）有限公司，2010 年〕，3—19、20—
　　30 頁。

縣莞東 Tung-kun District

路西

新安縣 San-on-un

Canton river

十 八 鄉
Shap-pat-heung

八 鄉

大嶼山 Nam-tao I.[s] called by Chinese Tai-u-shan

Hong kong I.[s]

Lamma I.[s] called by Chinese Pak-liu 薄寮

202

圖 全 縣 安 新

MAP OF THE
SAN-ON-DISTRICT,
(KWANGTUNG PROVINCE,)
DRAWN FROM ACTUAL OBSERVATIONS MADE BY
AN ITALIAN MISSIONARY OF THE
PROPAGANDA
In the Course of his Professional Labors During a Period
OF
FOUR YEARS.
Being the first and only map hitherto published.
May 1866.
REFERENCES.

《新安縣全圖》（獲朗他尼
神父繪製於 1866 年）

王馬角（黃麻角）、石角（石澳）、清水甫（深水埗）、團門（屯門）、清山（青山）、龍骨頭（龍躍頭）等。

村莊的異稱可能是嘉慶志成書之後經過改動而成，其過程難以從極其匱乏的地方史料中重構；但更可能是語言不通的結果。西米安‧獲朗他尼神父來香港的時候距開埠不過十多二十年，當時香港華人社會尚在萌發階段，他能否在十年之間通曉粵語實在值得懷疑，更遑論要理解香港新界地域通行的圍頭話和客家話。協助西米安‧獲朗他尼神父的梁子馨神父是順德人，自然通曉粵語，但亦未必掌握圍頭話和客家話。他們二人到新界考察的時候，從當地住民口中聽到村莊或地方的名稱，然後以梁神父所能理解的語音轉換為文字，於是成為新圖上的名稱。上述清山和全灣兩個例子可以說明問題的癥結。根據自《粵大記》等明清文獻，清山原稱杯渡山或聖山，全灣原稱淺灣；新圖顯然以客家話轉換為粵音，結果將聖山和淺灣改成清山和全灣。[29]

就地名及村莊名稱的誤差而言，新圖的缺點其實不少。不過，作為第一幅以現代測繪技術製作的新安縣地圖，新圖在繪圖上的劃時代貢獻輕易掩蓋了它的不足。當時以至後來的使用者並無特殊理由懷疑新圖的權威性，更未必會以兩種新安縣志核對新圖的資料。因此，當新圖在市面流通之後，迅即被確認為新的製圖標準，並成為此後同類地圖的樣版。新圖中的地名及村莊名稱亦隨之流傳，日久積非成是，成為後世通用的名稱。無論如何，新圖是一個偶然的機遇下出現的驚世傑作。它為中國近代地圖的製作訂定一種新的標準，也為香港地域在近代的發展填補重要的空間。新圖中出現的地名及村莊名稱，不論正誤，都為香港的歷史留下了處處的足跡。

（原載香港大學中文學院編：《明清史集刊》第十卷，

2012 年出版。收入本書時，略有改動。）

---

29 關於青山得名的緣由，參看劉智鵬：〈屯門與青山〉，載劉智鵬、劉蜀永編：《屯門：香港地區史研究之四》〔香港：三聯書店（香港）有限公司，2012 年〕，39—45 頁。

後

記

2005 年秋，嶺南大學成立香港與華南歷史研究部，目的是建立一個以香港和華南地域歷史為研究範圍的基地，並以此為平台推動香港地方志的編修。和平圖書公司編輯部從報章專訪中知悉此事，於是邀約研究部出版香港歷史專著。彼時部門正值草創之初，僅有的研究項目尚未完成，於是提出建議從香港歷史源流入手，整理流通不廣但極具參考價值的《新安縣志》，從中選輯與香港相關的史料排印出版，以方便探索香港古代歷史的讀者。和平圖書接受建議，並於 2007 年出版《〈新安縣志〉香港史料選》，亦即本書的前身。

整理古籍並非易事，即使選輯《新安縣志》亦頗費周章。選本經過同類文本互校、以圖證史、實地考察等基本工夫，並輔以同行研究成果而成。選本印行之際，香港特區已經度過回歸後第一個十年，探索香港歷史逐漸成為新興社會潮流，《〈新安縣志〉香港史料選》亦因此招徠一定的讀者，總算達到成書目的。

今日香港特區將屆“五十年不變”的半途，未來何去無法預視；回歸二十年歷史足跡錯綜複雜，過去何從未有定論。近年社會躁動持續不息，本土史觀頗受關注，引發香港自古何來的論爭。歷史觀點百花齊放乃學術自由應有之義，歷史片斷事過留痕亦客觀紀錄不容否定。《新安縣志》成書於清康熙、嘉慶二朝，編者並未預見英佔香港至回歸一段後事，撰述方向當不為今日論爭左右；因此書中所載持平中立，是不同史學觀點的共同基礎。

香港三聯書店出版部有見選本式微於坊間，於是徵得和平圖書公司同意，重印選本以惠讀者。編者亦藉此良機訂正舊本錯漏，並重新編排內容以方便讀者，為香港歷史的研究盡一分綿力。

劉智鵬　劉蜀永

2020 年 3 月 12 日於嶺南大學